錢鍾書與書的世界

林耀椿 著

這本文集是我這些年來寫的文章之匯集，文章所談分別是一、錢學。二、書評。三、人物描寫。四、舊書坊及其他。這些文章與錢鍾書先生及書有關係，故書名取為《錢鍾書與書的世界》。所有的文章大都曾在報刊雜誌發表過，並在文末附上刊登出處。

我自小家境並不富裕，小時後父親在外打拼賺錢，母親成天忙著農家家務又要教導我們的課業，管教甚嚴。我自小與書就沒有脫離關係，小學擔任圖書館的管理員辦理借閱圖書，到今天還是在圖書館服務。國中一年級與母親要了錢去訂一年剛創刊的《藝術家》，由於我小學受劉肇基老師的教導對於國畫產生興趣，他是呂佛庭先生的學生，劉老師借我畫稿臨摹，自此對中國美術產生濃厚的興趣。記得讀專科二年級（高二）買了《史記》（顧頡剛的點校本）自己在燈下閱讀翻查字典，雖然我不是讀文科，但在課餘仍讀中國典籍，其中受曾國藩家書影響甚深，

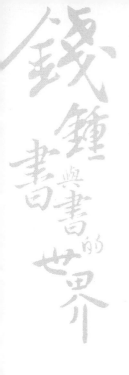

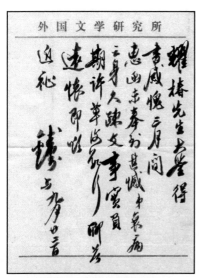

錢鍾書先生給筆者的信（1989）

因此學習宋明理學內在涵養的功夫。專三又買了一部《資治通鑑》（世界書局），後來在服役中如實的讀畢。上世紀七十年代河洛圖書公司出版了許許多多的中國典籍，我還用了稿費買了《宋元學案》、《王陽明全集》、《莊子集釋》----等書。家叔林春鏞先生有回送我一部《貞觀政要》說是政治學上重要的典籍，又與我解釋馬克思的辯證法，當時我正上經濟學這門課，這門「經世濟民」的科學對我在社會科學知識上，有另一番思考及研究。教我經濟學的簡宣博老師，不會相信我後來去念哲學。我因宋明理學的薰陶及喜愛，我又選擇去念哲學。在東海那幾年為了買一套《二十四史》，故晚上在圖書館工讀。讀書期間接受的知識更廣，還去中文系及美術系旁聽。鄺芷人老師及蔣年豐老師對於西方哲學思惟，給我許多啟迪；中文系吳福助老師對於我循循善誘。故學習場所就在教室---圖書館---舊書坊三地來回，也因此縹緲滿室，閱讀範圍更廣。

　　知道錢鍾書是從《圍城》開始，他詼諧揶揄知識份子令人捧腹。《談藝錄》、《管錐編》旁徵博引，引人入勝。故將錢鍾書作為Idol。海峽兩岸通信當時還要透過香港轉接，我這個初生之犢不畏虎的後生小子，給北京三里河的錢鍾書先生寫信，這年正值天安門事件，他沒有接到信。我於中秋節前夕又去信，這遠在千里素昧平生的臺灣學子，卻能得到錢先生的覆信，全中國有數以萬計的學子都想與這位大學者寫信，當時我欣喜若狂。隔年錢先生八十歲壽辰，我又去信祝壽，亦獲得回信。之後，他因身體狀況越來越差，就停止寫信。我曾將拙文〈錢鍾書在臺灣〉寄給楊季康先生斧正，楊先生要欒貴明先生代筆回信：「你所寄大作，楊先生已讀過，也向臥床的錢先生轉達了你的美意，他們都十分高興和感激。錢先生多次談起過五十年前的寶島之行，對海天青山，學府學人，均贊不絕於口。」這是錢先生伉儷對於青年學子的愛護。

1990年7月中央研究院中國文哲研

錢鍾書先生伉儷（馬森攝）

V

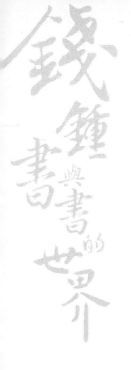

究所籌備處成立，我要感謝吳宏一老師的應允讓我有機會進入服務。吳老師要我整理霧峰林家的贈書，並且時時關切我的學業。吳老師離開文哲所到香港中文大學及城市大學任教，仍邀我參加他的《清代詩話考述》的計畫，這是吳老師對我的厚愛。服務期間因業務關係認識了許許多多學者，這些學人都是讀書期間想要認識的，如陳榮捷先生、王叔岷先生、柳存仁先生、周策縱先生、王靖宇先生、劉述先先生、胡楚生先生、王靖獻先生、李澤厚先生、陳慶浩先生、黃維樑先生----等等。王叔岷先生獨居蔡元培館，我因工作地點就在樓下，故天天見面。王老師已九十三高齡，現頤養天年不管人間俗事，過著莊子忘我、陶淵明潛隱的生活。柳存仁先生也九十歲，現仍殷勤撰述，為今年（2007）的「錢賓四先生學術講座」準備三場演講。這些學人過去對我都有鼓勵及獎掖。柳存仁先生每每鼓勵我繼續學業，後來以「錢學」為主題取得國立暨南大學中文碩士學位，柳公更費心為

李澤厚與作者

我修改全篇論文，銘感於心。

舊書坊的天地是每位愛書人鍾情的地方，本書已收入幾篇描述買書的心得。舊書坊除了舊書外，有時會有書畫及文獻出現，我買過一批上世紀六十年代留學生的家信，這裡面有許多家長都是名人，如寫給王雪艇先生、董作賓先生、蔡維屏先生、蕭同茲先生、程世驊先生（程海東校長的大人）---等人，這批資料可見當時留學生在美國讀書的艱辛歲月，是研究當代留學生史重要的文獻。我在圖書館處理過許多贈書如霧峰林家、楊家駱先生、秦賢次先生等人的大批贈書，秦賢次先生以無私歸公，將畢生收藏的三十年代原版圖書，悉數捐出供人使用，這是令人欽佩的。

這些文稿是不成熟的成果，首先感謝蔡登山先生不棄，承他邀稿將這些雜文收入他主編的文叢中。秀威團隊、林世玲主任、周沛妤小姐、李孟瑾小姐為本書付出心力，銘感於心。文章都是工作之餘寫的，有許多文章還是林慶彰老師的鼓勵及督導下完成的，感謝他這些年來的照顧，文哲所鍾彩鈞先生、蔣秋華先生、李奭學先生及江日新先生在學問上給我許多指導，高偉騰先生、林敏小姐為本書一些圖片付出心力，都要感謝。此外，感謝養育我的父母親，父親仍在豔陽下辛勤顧守稻田；更感謝為我照顧孩子的內人陳美搖女士，我因工作關係，與他們分隔兩地，孩子的教育及照顧父母都偏勞她無怨無悔的辛勞，難以言表。

2007年元月於中央研究院
中國文哲研究所圖書館

目錄

輯三：人物描寫

輯四：舊書坊及其他

輯
一

錢學

第一章

窺探「錢學」的堂奧

名震海外，學問淹博的錢鍾書先生，去年（1990）八十歲生辰，上海電影廠為慶賀他生日籌拍「圍城」電視劇，經過四年的籌備，邀請英若誠、吳貽弓、陳道明、葛優等人飾演要角。依報紙報導，楊絳先生也為他們寫了一段文字：「《圍城》的主要內涵是，圍在城裡的想出來，城外的人想衝進去。對婚姻也罷，職業也罷，人生的願望大都如此」（《民生報》七十九年十一月一日）。報導又說：「製作單位為了這次改編，登門拜見錢鍾書與楊絳夫婦，錢鍾書以莎氏比亞可以改成平劇為例，要編導儘管依據電視媒體特性需要，放手去改」，依筆者所知錢鍾書先生個性並非如此，「記者強不知以為知」罷了。

學術界往往對某一門學問給予它一個專有名詞，如「紅學」、「敦煌學」，錢先生的學問也被冠予「錢學」。這幾年來廈門大學鄭朝宗先生、中華書局周振甫先生等人大力提倡。我們以為這是一個好現象。筆者每

捧讀《管錐編》總是掩卷歎息。如此博大的學海寶庫，又有幾個人能望其項背。錢先生著作不多，但皆為精品，字字珠璣，句句瑰寶。《談藝錄》是文學評論鉅作，評論宋、元、明以來著作；《管錐編》是評論上古至唐代十部經典；《圍城》可說是家喻戶曉小說，譯本已有日文、英文、俄文等多種，描述男女愛情「門裡門外」的故事；《七綴集》（《也是集》與《舊文四篇》二書合集），共七篇評論；《宋詩選注》選注宋代八十一位詩人之作品二百九十五首。另有《寫在人生邊上》散文集及《人獸鬼》短篇小說集。

　　錢先生惜墨如金，不輕易發表及重印舊作，由於他不重視、不珍惜「少作」，中國社會科學出版社屢次要求出版《寫在人生邊上》，皆不獲同意。後來勞動柯靈才使錢先生同意。又有人請他撰寫自傳，他敬謝不敏，他以為「回憶是最不可靠的」。至於編文集，他也不感興趣，他說：「一個作家不是一隻狗，一隻狗拉了屎，撒了尿後，走回頭路時，常常要找自己留下痕跡的地點聞一聞，嗅一嗅」（見潘耀明《當代大陸作家風貌》）。他總是謙虛不張揚自己，在《錢鍾書研究》創刊號上有一段話可說明：「早年本刊籌備之初，編委會就陷入兩難境地而不能自拔，若出版本刊，自是可以弘揚「錢學」推動中國文化的建設，但卻違背了錢鍾書先生不願意被宣傳的初衷，若遵錢先生「潑冷水」的原則，則本刊必將不能出版，躊躇再三，考慮到大凡著作一出，則成公器，所以，我們決心不顧錢鍾書先生的堅決反對，還是放這本刊物出籠了」。

　　研究錢鍾書近來大為風行，形成顯學。目前就有兩本《錢鍾書研究》（第一輯，一九八九年十一月；第二輯，一九九0年十一月，文化藝術

出版社）、舒展編六冊《錢鍾書論學文集》（花城出版社，一九九○年五月）、蔡田明著《管錐編述說》（中國友誼出版社，一九九一年四月）、何開四著《碧海擎鯨錄─錢鍾書美學思想歷史演進》（成都出版社，一九九○年）、田惠蘭編《錢鍾書、楊絳研究資料》（華中師範大學出版社，一九九○年四月）、黃維樑編《錢鍾書專輯》（《聯合文學》第五卷第六期，總第五十四期）、陸文虎編《管錐編、談藝錄索引》（中華書局，一九九○年三月），以上大都為專著，單篇論文也不少，如胡范鑄先生系列錢鍾書思想研究的論文，大都發表在《華東師範大學學報》。又如趙一凡先生系列評論《圍城》的文章（《讀書》一九九一年第三期、第五期）。臺灣除了《聯合文學》的專輯外，似乎顯得冷淡些。我們以為隨著兩岸之文化交流，想必有更多人對「錢學」有興趣，甚至做進一步的研究。錢先生為他臺灣版《錢鍾書著作集》（書林出版社）前言裡，有段話說明兩岸文化交流由隔而通的道

《錢鍾書研究》書影

理，他說

　　水是流通的，但亦可能阻隔，「君家門前水，我家門前流」往往變為「盈盈一水間，脈脈不得語」。就像「海峽兩岸」的大陸和臺灣。這種正反轉化是事物的平常現象，譬如生活裡，使彼此了解，和解的是語言，而正是語言也常使人彼此誤解以至冤仇不解。

　　筆者以為蔡田明先生的《管錐編述說》，這一本書可以說是「錢學」之入門書。此書計分九章，其中第五、六兩章是全書的精華，論述《管錐編》方法論，解說甚詳。除了評述《管錐編》外，也談到許許多多有關錢先生的生活事跡，可說是一部撰寫錢先生傳記的好材料。筆者舉出幾個例子：

　　一、關於謠傳錢先生的死訊（頁177）。文革動亂，錢先生被謠言傳說已死，海外為之一震。夏志清寫了〈追念錢鍾書----兼談中國古典文學研究之新趨向〉一文哀悼。日本荒井健因此譯了《圍城》，以示悼念。但是這樣深情悼念文也惹了錢先生的不安，他在《圍城》日譯本序中說：「不確的死訊對當事人正是可賀的喜訊，但是，那謠言害得友好們一度為我悲傷，我就彷彿自己幹下騙局，把假死賺取了真同情，心裡老是抱歉。」

　　二、錢先生讀字典，從頭到尾讀《韋氏大詞典》（頁235），此事鄒文海在〈憶錢鍾書〉一文中提及：「字典是他旅遊的良伴」（《傳記文學》創刊號）；又楊絳《將飲茶》中〈回憶我的父親〉一文也說：「父親忽然發現鍾書讀字典，大樂，對我說，哼哼，阿季，還有個人亦在讀一個字、一個字的書呢！」這是他常常掉書袋的原因吧！

　　三、錢先生因氣喘並遵醫生指示謝客謝事，但他仍關心青年朋

友，此書作者對錢先生質詢的話，由周振甫轉達，錢先生也很熱心的回信（頁92），同時他也關切海外學術界，如黃維樑先生為《聯合文學》編的「錢鍾書專輯」中，錢先生給馬森先生的信說：「弟前秋大病以來，衰疾相因，迄今仍為sub-health，而心力大減，畏近筆硯。新作既如傖夫之胸無點墨，舊稿又如貧漢之家無長物，唯求法外開恩，許其免役，則戴德無既矣」。又如臺灣書林版《錢鍾書作品集》他也寫了一篇前言。

「錢學」就目前研究的狀況來看，是一塊有待開發的荒地，筆者以為當大力提倡。個人覺得有幾個問題及工作值得研究及進行：

一、錢先生為何說自己寫作方法非比較文學而是「打通」，它的意思是什麼？（另見鄭朝宗〈管錐編作者的目的〉）。

二、〈談藝錄序〉中說：「雖賞析之作，而實憂患之書」，而《管錐編》亦是在文革動亂中寫出，其動機何在？它隱藏的涵意是什麼？

三、《管錐編》有無必要用白話文書寫？如蔡田明先生所說：「不妨說他們在進行某種可行性的實驗」，是「實驗」什麼？是迫使人們去思索中國文字改革（教育）發展及速度諸問題？或是另有其他？

四、錢先生《管錐編》是否有其體系與系統？蔡田明先生將《管錐編》分成十二門類：1文字門2哲學宗教門3文學門4修辭門5藝術門6史學門7心理學門8政治軍事門9科技門10文化門11人生門12治學考訂門。這樣的分門別類使人「豁然開朗」，將《管錐編》理出一個頭緒，但這樣是否違反《管錐編》全書「打通」的宗旨？

五、有必要為《管錐編》做註解，如同周予同為皮鹿門《經學歷史》做註解，使讀者更能了解，掌握書中的蘊意。

六、如果熟悉文史者的讀者，讀錢先生的著作必一頭霧水，因他常使用人名的別名與字號，因此，有必要進行人名的別名字號索引，《談藝錄》已有人完成，刊於《錢鍾書研究》第一輯中，《管錐編》則有待整理。

七、《管錐編》、《談藝錄》索引已由陸文虎單槍匹馬完成。這部工具書是閱讀「錢學」必備工具。美中不足的是，這本索引，《談藝錄》部分只有人名索引，而無引用書目篇目索引，這個工作有待補編。

八、關於《管錐編》、《談藝錄》專有名詞或術語的整理，這個工作黃維樑先生曾提及，做起來比較困難，但也不可忽視。

九、研究錢先生也應該研究楊絳先生的作品。這對賢伉儷深居簡出住於北京三里河南沙溝。楊絳先生是著名劇作家、翻譯家、文學家，她的許多作品對深入了解錢先生頗有幫助。如《幹校六記》、《將飲茶》，前者描述文革的「五七幹校」；後者有幾篇文章如〈回憶我的父親〉、〈記錢鍾書與《圍城》〉、〈丙午丁未年紀事〉，這些文章皆與錢先生有關係。

以上諸問題及工作是否有須研究及進行，純是筆者不成熟的意見，但方興未艾的「錢學」正有待大家共襄盛舉。編寫《臺灣漢語辭典》的許成章先生曾說：「他敢保證今天教國文的先生沒有幾個人能讀懂他的《談藝錄》」（1990年11月筆者與幾位同仁至高雄訪問許先生，席間告知的），筆者以為「生有涯而學無涯」，對於錢鍾書先生的學

問，後生晚輩除了佩服外，亦只有孜孜戮力的苦讀。

本文原登《國文天地》第7卷6期頁57-60 1991年11月

第二章

錢鍾書研究的里程碑

──序《錢鍾書研究書目》

才氣縱橫學問淵博，名震學林聲揚海外的大學者錢鍾書先生，是當今中國學術界視為「國寶」級、大師級人物。依錢先生個性，他極不願意有人對他這樣稱譽。潘耀明先生在一九八一年四月拜訪錢老，潘先生提到找一個助手幫忙回信，錢老謙虛的説：

　　有過建議說找一個助手幫我寫信。但是光寫中文信還不成，因為還有不少外國朋友的信，我總不能找幾個助手單單幫我寫信，並且老年人更是容易自我中心，對助手往往不僅當他是「腿」----跑腿或「腳」（footman）。這對年青人是一種「奴役」，我並不認為我是夠格的大師，可以享受這種特權。也沒有什麼東西值得年輕人付了這樣代價來跟我學習。

　　錢老從來不張揚自己，不誇耀自己。對於自己的作品更是不重視。不輕易讓自己的作品重印，如《寫在人生邊上》這部散文集，一九八二年《上海抗戰時期文學叢書》

編委會想把此書收入叢書，便遭到錢老的謝絕，他說：「在寫作上，我也許是一個『忘本』的浪子，懶去留戀和收藏早期發表的東西。」後來請出叢書主編柯靈先生才使錢老應允。到了一九九零年中國社會科學出版社重印此書，碰到最大困難還是錢先生，「他不愛自己的少作，更不願改頭換面來重寫，也懷疑它有再版的價值」，事實上，這部書在大陸上流傳不廣，主要是印行數量太少，「在國內第一流圖書館，收存的也寥寥無幾，更不用說讀者，研究者對它可望不可得」。基於這些原因，錢老無可奈何表示：「第一、不再為此書重寫序跋或進行改動；第二、全部稿費贈予使用計算機為這本書製字、排版和印刷的中國社會科學院文學所計算機室的同志們，以助其事業的發展。」從這裡便可發現錢老不太願意自己作品重印的執著。更有人勸他寫傳或回憶錄，他當然敬謝不敏，更諧趣的，他講了一段話：

　　一個作家不是一隻狗，一隻狗拉了屎，撒了尿後，走回頭路時常常要在自己留下痕跡的地點聞一聞、嗅一嗅，至少我不想那樣做。

　　錢老向來總是用嘲諷的語詞來比喻人事，讓人哭笑不得；給人有孤傲之感覺。事實上不是如此，或許是他謙虛的表現。

　　一九九○年錢老八十大壽，上海電影製片廠電視劇部將《圍城》拍成十集的連續劇，為了慶賀錢老華誕。這部膾炙人口早聞名於中外的小說，被夏志清先生推崇是「中國近代文學史上最有趣和最用心經營的小說」，它比《儒林外史》更優勝，這部小說受到西方人青睞已經有日文譯本（荒井健及弟子中島長文合譯）。在一九七五年，海外謠傳錢先生過世消息，荒井健先生為悼念之意，便著手譯《圍城》，當

然這訊息是錯誤的，所以他便在第三章
譯文寫了附記說明。這卻引起錢老的不
安及抱歉。因為在無錫有個迷信，錯報
某人死了，反而使他延年益壽。這段
話均見日譯本錢先生寫的序文。另外
有英譯本由Kelly Jeanne及Nathan K. Mao
合譯；法語譯本由Sylran Schreiber譯；
德譯本由Dr. Monika Motsch譯；蘇聯俄
文譯本由V. Sorokin（索羅金）譯出。去
年來南港訪問的蘇俄漢學家Boris Riftin
（李福清）教授，曾向筆者表示，他也
為《圍城》寫了一篇評論，可見受歡迎
的程度，此外另有捷克譯本。而上海電
影製片廠的電視劇也算是個版本。筆者
近來才看到這部連續劇，可惜只是後面
七到十集，就是方鴻漸、趙辛楣等人到
三閭大學教書那段，始終忘不了那個教
育部李專員，由高松年校長陪他進會場
的姿態及訓話的口頭禪「兄弟在英國的
時候」高傲不遜的嘴臉，在臺下的教授
打盹的畫面令人噴飯、捧腹大笑。至始
以來，眾人便猜《圍城》是錢老的自傳
式小說，直到楊絳發表了〈記錢鍾書與

索羅金與作者

《圍城》〉一文，她説：

　　我自己覺得年紀老了，有些事除了我們倆，沒有別人知道。我要趁我們夫婦都健在，一一記下。如果錯誤，他可以指出，我可以改正。《圍城》裡寫的全是捏造，我們記的卻全是事實。

　　這樣的説明雖然表面上會終止研究者停止去做任何揣測，但事實上，方鴻漸這個角色卻脱離不了錢老的影子。飾方鴻漸陳道明演來入木三分，連錢老看過後，據説用「滿意、感謝、欽佩」六個字概括他的心情，楊絳先生為這部連續劇在片頭寫了一段話：

　　圍在城裡的想逃出來，城外的人想衝進去。對婚姻也罷，職業也罷，人生的願望大都如此。

　　這種無奈詼趣人生，錢老把它刻劃得淋漓盡致，你我在這戲中是否能體會出作者的苦心經營？從它身上得出絲毫的經驗與教訓？在這多變詭譎社會裡體驗一下人生？這部戲的演員大都是著名演員，堪稱大卡斯，如英千里先生兒子英若城（曾任文化部副部長）飾演高松年校長，孫子英達飾趙辛楣，另如吳貽弓、葛優，沙葉新等人，有人以為「這是大陸近十年間的電視劇創作，堪稱出類拔萃的一部藝術品」。

　　近來大陸有位叫魯兆明的青年為《圍城》寫了續集，書名叫《圍城之後》，由春風文藝出版社出版。據報導此書初版便印十萬冊，這是相當不易的事。當然這便引起錢老的注意，有人便寫了評論説「情節荒誕、文筆笨重，趣味低級的作品」、「那有原作者還健在，就擅自寫出焚琴煮鶴的低級續書的道理」。報導中説這部書觸怒了錢先生，筆者以為錢老應不會在意此書如何續法，及他們出續集所獲得的暴利。

　　錢先生另一部鉅著《管錐編》更是令人拍案叫絕，嘖嘖稱奇。筆者在大學時，從坊中得到盜印本四大冊，每次捧讀時，總是會置書望空興嘆，如此博大精深，又有幾人能望其項背，錢老應用著七種文字，英、法、德、意、西、拉丁文悠遊於經、史、子、集經典中，無人不被他那「照相機式記憶」所嚇著。梁錫華曾說：「讀者跟不上他的學養和才氣，除了自認不如，惟一可行的是自我充實而不是潑醋酸。」因此如無一點腹笥，可難探宮室之美，誠如他在〈魔鬼夜訪錢鍾書先生〉一文說：「我會對社會科學家談發明，對歷史家談考古，對政治家談國際情勢，展覽會上講藝術鑑賞，酒席上講烹調。」這就是他吸引人的地方。一九七九年廈門大學鄭朝宗先生帶領學生開始研究錢鍾書的著作，這一股風氣開啟了所謂「錢學」的門，至今方興未艾。依陸文虎的統計，從一九八六年研究「錢學」的文章從兩百篇到一九九零年已有五百篇，可見這一股熱潮正進行著。鄭先生帶著學生研究的成果已有收獲，如《管錐編研究論文集》（1984），何開四著《碧海擎鯨錄---錢鍾書美學思想歷史演進》（1990年）、陸文虎《圍城內外----錢鍾書的文學世界》（1992年），及《管錐編、談藝錄索引》（1990年），其他如蔡田明著《管錐編述說》、田蕙蘭、陳珂玉編《錢鍾書、楊絳研究資料集》（1990年）、舒展《錢鍾書論學文選》（1990年）。值得一提的是有了《錢鍾書研究》刊物出版，由文化藝術出版社出版。目前已出了第一及二輯，1992年第三輯可出版。這刊物是研究「錢學」必要參考的書籍。當初編委會也是煞費苦心，陷於兩難之境，因為錢老不願意被宣傳，鄭朝宗先生表示錢老曾說過：「大抵學問是荒江野老屋中二三素心人商量培養之事，朝市之顯學必成俗

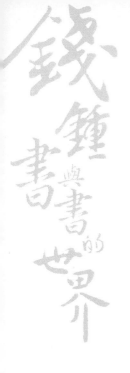

學」。但是最後仍不顧錢老反對，讓它出籠。這算是「錢迷」的一大福音。另外如《貴州大學學報》設有錢鍾書研究專欄，每期皆有「錢學」論文發表。這幾年來，從中國人民大學複印報刊資料，發現有許多研究「錢學」之文章，可見「錢學」研究正熱烈中。

在台灣書坊間有錢先生著作，但皆是盜版。直到一九八八年，台灣書林出版社，經錢老同意授權在台發行他的著作，計有七種，並且為《錢鍾書作品集》寫了一段序文，這篇序文充滿情感，反應了海峽兩岸的分離，造成了許許多多無謂紛爭。他說：

水是流通的，但也可能阻隔。「君家門前有水，我家們前流」，往往變為「盈盈一水間，脈脈不得語」。就像「海峽兩岸的大陸和台灣。

次年一九八九年《聯合文學》四月號（第54期），由黃維樑先生籌畫了「錢鍾書專輯」計75頁，收錄了錢老《紀念》小說及《談藝錄》修訂本增

鄭朝宗《管錐編研究論文集》書影

補（註中說明為首度發表，這一些增補其中有一條與書林版補訂，文字的確
有差異，見書林版頁647），及幾位學者的論文。在這之前，一九八七年
十二月號（第38期）由鄭樹森先生籌畫了「楊絳專輯」，《聯合文學》
為這一對伉儷籌畫專輯，足見對他們兩人學術成就的重視。研究「錢
學」不可忽略了楊絳先生，這一位著名劇作家、文學評論家及翻譯
家，她的作品有《稱心如意》、《弄假成真》（戲劇）、《春泥集》
（文學評論集）、《唐詰訶德》（翻譯）、《將飲茶》、《幹校六記》
（散文）等著作，其中以《幹校六記》最受人感動，讀來令人鼻酸。
這本敘述夫婦在文革期間下放到幹校工作學習的故事，錢老燒鍋爐、
管工具，楊絳先生即是管菜園的老太婆。在那段運動期間，中國文人
遭到侮辱、欺凌，忍氣吞聲，如巴金、蕭珊夫婦，沈從文、張兆和夫
婦，有的甚至自殺，如傅雷、朱梅馥夫婦。由於他們唯一女兒阿圓的
丈夫在「五一六」事件自殺，在一九七零年十二月楊絳入幹校時，只
有阿圓送她上車，（當時錢老已進幹校），這一幕筆者以為《幹校六
計》最淒涼的一段：

　　阿圓送我上了火車，我也促她先歸，別等開車。她不是一個脆
弱的女子，我該可以放心撇下她，可是我看著她踽踽獨歸的背影，
心上淒楚，忙閉上眼睛；閉上了眼睛，越能看到她在我們那破殘凌
亂的家裡，獨自收拾整理，忙又睜眼睛。車窗外已不見了她的背
影。我又合上眼，讓眼淚流進鼻子，流入肚裡。火車慢慢開動，我
離開北京。

　　此外，楊先生另有一文〈丙午丁未記事----烏雲與金邊〉記述
一九六六年到一九六七年文革開鑼時夫婦遭批鬥的記述，這篇記述可

發現錢老在這樣動亂時刻仍孜孜矻矻撰寫《管錐編》，而楊絳則利用時間偷偷翻譯《唐詰訶德》，翻好的稿子卻被沒收，直到下放幹校前才發還。在《幹校六記》第六記中楊絳先生回憶說：「我想到解放前夕，許多人惶惶然然往國外跑，我們倆為什麼有好幾條路都不肯走呢？——我們只捨不得祖國。」的確當時香港大學曾約錢老任文學院院長，牛津大學約他去任Reader，但是先生因西南聯大課業，又女兒阿圓患有肺疾種種原因未能成行，《幹校六記》中楊絳問錢老說：「你悔不悔當初留下不走？」錢老說：「時光倒流，我還是老樣」。這便是文人風骨。柳存仁先生去年來南港也提及一件事，說楊憲益及戴乃迭夫婦，楊太太是英國人，他們在文革期間喪失了一個兒子，可是楊太太卻未離開中國。因此研究「錢學」對楊絳作品不可忽略。

　　筆者對錢老的學問可說佩服五體投地，這幾年廣收「錢學」的相關資料，陸文虎的《管錐編、談藝錄索引》出版，筆者發現《談藝錄》只有人名索引，並沒有書名篇目索引，便發心願為它補，可是有一些外文不識，加上雜務纏身。今年陳慶浩先生來南港訪問，知筆者進行此工作，先生告訴我當用電腦處理，同時告知錢老倡議的「中國古典文獻的計算機處理技術」的大型計畫，這個工作是中國社會科學院計算機室欒貴明先生、林滄先生等人所設計，已完成《全唐詩》速檢系統、《先秦漢魏南北朝詩》、《十三經》等書。有見於「錢學」研究受人重視，筆者將能收到的相關資料，加以整理編成書。這樣的計畫要感謝林慶彰老師，他知道筆者平常收集錢老相關資料，加上他手上當時正編《朱子學研究書目》（已出版），他希望我也仿照此書目，編成《錢鍾書研究書目》。

筆者覺得這個書目值得馬上進行，因此利用工作之餘，著手整理。林老師在繁忙研究中撥空不厭其煩的指導。這兩年在文哲所工作，能認識許許多多的學者，從他們口中知道錢鍾書先生的訊息，及學到他們做學問的方法及為人處事的風範。如柳存仁生、饒宗頤先生、鄭樹森先生、陳慶浩先生等人。這要感謝吳宏一老師。他讓筆者有機會在文哲所工作，同時也深深體會到他主持中國文哲研究所的辛苦歷程。另外感謝馬森先生惠贈錢鍾書先生伉儷合照之相片，這相片是一九八一年十二月三十日，馬教授在北京三里河南沙溝錢老住所拍的。香港中文大學黃維樑先生知道筆者也是「錢迷」，故特從香港惠賜我幾封錢老寫給他的信影印本，彌足珍貴。書林的蘇正隆先生幾年前寫給我的信，提供錢老的北京聯絡地址。王慕廬老師孜孜不倦做學問，不爭名利與世無爭，平時對筆者鼓勵及教導，他的精神是我們後生晚輩應該學習的典範。東海吳福助老師從筆者大學時在課業上便悉心幫忙，文哲所師長及同仁平時給我的幫忙及照顧，藉此機會一一表達我的感謝。這本書目多多少少能提供「錢迷」一點訊息，由於資料的難尋，難免掛一漏十，加上經驗的不足，尚請先進多加指正。

本文原登《國文天地》第九卷第一期 頁124-129 1993年6月

　　按：《錢鍾書研究書目》後來未正式出版，只登載《中國文哲研究通訊》第七卷第一期 頁21-108,1997年3月及《中國文哲研究通訊》第七卷第二期頁41-95,1997年6月。

第三章

從錢鍾書「退」的人生 觀看「錢學」的發展

「退」並非消極、躲退，只是隱居山林與世無爭。錢先生近七、八年疾病纏身，「皆遵醫戒，杜門謝客謝事」。這對他而言，是無奈的。因為給他寫信的人，雪片紛飛，他都以身體不適為理由，婉拒一切的應酬。事實上八十三高壽的錢老身體衰弱是可想而知的。近來得到鄭朝宗先生的學生陸文虎著作《〈圍城〉內外》內頁附一張作者與錢老、楊絳合照相片，時間是一九九一年九月十九日，錢老已顯得疲倦、清瘦，無怪乎他一再婉謝外界的邀請及一切文事。

對這一位「國寶級」的學者海內外學術界，無人不崇敬他。對於他的學問，不容我多贅言。近來寫他的傳記便有愛默《錢鍾書傳稿》（百花文藝出版版，1992）；孔慶茂《錢鍾書傳》（江蘇文藝出版社，1992），這兩部傳記以前者較為詳實，參考縣志，年譜考訂了錢老家族；而後者並無新見，人云亦云。文學評論方面，近有周振甫、冀勤編的《錢

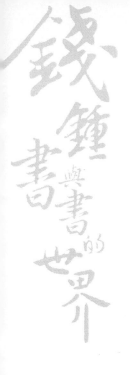

鍾書〈談藝錄〉讀本》（上海教育出版社，1992）；胡范鑄《錢鍾書學術思想研究》（華東師範大學出版社，1993）。前書是對《談藝錄》做注解及說明。筆者曾經認為應有人為《談藝錄》、《管錐編》做註解。如同周予同為皮鹿門的《經學歷史》做註的功夫，今喜見周振甫此書，有助於學子了解錢老的著作。而後書是胡范鑄先生陸陸續續發表在《華東師範大學學報》、《暨南學報》、《復旦學報》等論文的合集。

老子曰：「知者不言，言者不知。」這句對錢老的「退」的人生觀是最好的詮釋。他以為學問並不是拿來與人炫耀的。有人去信要研究他，他回拒「我的東西不值你們浪費精力去研究」；請他撰寫傳記，他又認為「回憶是最靠不住的。」要出版他的著作亦遭回拒，如《寫在人生邊上》再版重印，便遭到錢老的反對，此書的再版後記（中國社會科學出版社，1990年5月版）說：

籌辦此書再版的過程，我們遇到最大難題是錢鍾書先生本人，他不愛

悼念錢鍾書先生

自己的少作，更不願改頭換面來重寫，亦懷疑它有再版的價值。

可是他這樣「退」卻引起更多人去研究。如前面所舉四部作品，又如《錢鍾書研究》（目前已出到第三輯），老先生一直反對有為他宣傳，可是仍抵不住這一股研究熱潮，氣勢洶湧，排山倒海，滾滾而來。更有人為《圍城》寫續集，這在在顯示出「錢學」的受人注意及重視。又如，《宋詩選注》已由日本早稻田大學內山精也組織的宋詩研究班，專門從事《宋詩選注》的日譯工作，已在1988年4月號《橄欖》發表第一期，至筆者所見1991年第4期已譯到劉攽，若依此進度，每次譯四到五位作家，需要約十期才能將《宋詩選注》刊完，可見工程浩大，煞費苦心。

我們以為錢先生持守自己原則不願意「走江湖賣狗皮膏藥」就是想退出江湖。一個人當名聲大噪時，往往忘掉自己，四處賣弄，學術界比比皆是。當海峽兩岸漸漸互通之際，已有許多學者受邀來台，可是錢老卻不願意再外出「遠則歐、美、澳，近則新加坡、香港、日本皆有招邀，一律敬謝。」他更不願意「舊地重遊」。所謂「舊地重遊」，舊地是指臺灣，這是關於談錢老生平的人從未提過的事，包含幾本傳記，連胡志德（Huters Theodore）的《錢鍾書》亦沒有提及。對於這條訊息相當珍貴，而錢老何時來臺？誰邀請他來？這些問題到目前仍無法求證，據信函知道錢老「嘗寓草山一月」，草山就是現在的陽明山，從這一條線索可判斷是在民國三十八年以前，因為草山改名是遷臺後的事。至於誰邀他來，友人告知在〈臺大校友通訊〉有登過錢老來臺一篇講稿，因此可推測必到臺大演講，也許臺大就是邀請的主人。為了印證這一訊息，陳慶浩教授年初來函要筆者直接去函北

京，我思索甚久，因為幾年前已經打擾過錢老幾次，總是舉棋不定，不敢再麻煩他老人家，但又為了印證這一條寶貴訊息，筆者以為錢老來臺的事有必要探求清楚，因此再度去函北京，至今並無回音。

1992年之後錢老便不出遠門，蟄居三里河南沙溝，海外熱切邀訪，皆遭到閉門羹。這樣「退」，讓學術界減少拜讀他作品的機會，幾乎看不到他的文字，這也使「錢迷」們更珍惜他的每一部作品。同時更企盼如《管錐編》續集註《全唐詩》、《杜甫詩》、《韓愈全集》等五部著作早日與讀者見面。

當「錢學」方興未艾之際，凡中國古典文學、中國經學、中國哲學尤其是對「比較文學」有野心的人，都可隨手針對錢老某一部作品作研究、詮釋、注解。筆者總以為學子應有錢老這樣的魄力，在專業中求精，在領域外求博，如同胡適之先生所言：「為學當如金字塔」當然想探視「錢學」宮室之美，並非容易之事！周振甫在《談藝錄讀本》附記坦誠說：

簡注部分，有的書名，在北京圖書館裡也沒有找到，注不出；說明部分，可能更沒有機會體會錢先生卓識深心。

如果沒有學富五車，實無法契會錢老智慧的卓見，因為語言本身就是問題，更何況是中西貫通博學旁通的內容，讀《管錐編》也是如此。

《老子》第十三章說：「吾所以有大患，為吾有身，及吾無身，吾有何患。」饒宗頤先生曾告訴筆者說錢老他「什麼都不要」是近十年來的做法。他捨棄一切名、利，拒絕一切文事活動，就是「無身」的朗現，因「富貴而驕，自遺其咎」的道理，他相當清楚。但是筆者

認為矜持「退」，不僅是「疾病纏身」，另一個原因乃是受「文革」之影響。儘管他是毛詩英譯定稿小組組員之一（見葉君健的〈毛澤東詩的翻譯一段回憶〉），但仍躲不掉幹校的勞動教育。他自己以為「中國文革就是一種最初意料不到的阻難」，從兩層因素來看，前者是主要原因，後者是次要原因，也因為前者的「疾病」便可搪塞一切的「應對」，免除一切的「江湖」事情。

筆者近幾年有機會拜讀錢先生給友人信箋，本文有一部分材料便是引用信箋中的話。謙虛、退讓、為學不炫耀，是我們青年學子所當效法的。從錢老身上更體會出「知者不言，言者不知」的道理。

按：本文原登《國文天地》第九卷第二期 1993年7月 頁98-100

第四章

錢鍾書在臺灣

當代著名學者錢鍾書先生在中國學術界的魅力，很難有人與他相比，也因此一有他的新作或是蹤跡，便會引人圍觀，爭相走告。已有相當時刻沒有錢先生的訊息，李黎在《聯合文學》寫了一篇〈一封遲到多年的信〉，述說錢老給她的信遲了十一、二年，放在一位「收藏家」手上，爾後又得到錢老覆函，這是近年來有關錢老的一點「蛛絲馬跡」，讀之感到特別親切。依回信可知他們夫婦身體情況：

> 七年來，衰病相因，愚夫婦皆遵醫戒，杜門謝客謝事，只恨來信太多，也多懶不復。

楊絳也因「輕微的腦血栓病」入院，這對深居簡出的夫婦，是學術界舉目注視之焦點，又《聯合文學》繼「楊絳專輯」事隔七年，又推出「楊絳雜憶」，所選散文除了〈第一次觀禮〉外，皆選自《雜憶與雜寫》，而中國社會科學出版社也在1993年推

出三厚冊《楊絳作品集》，洛陽紙貴一年間竟然印了四次，而浙江文藝出版社也出版了《楊絳散文》，南京譯林出版社也出版《楊絳譯文集》，錢老《七綴集》也再重新出版。這是一、二年來他們著作出版情況。反觀學術界已不再評介他們文章，《錢鍾書研究》、《錢鍾書研究采輯》已銷聲匿跡。除了零星幾篇評論文章出現，已不像《圍城》拍成電影版，評論文章那樣熱絡。今年錢老出版了《槐聚詩存》，這訊息早在去年1994年9月號《讀書》已見曉（出的是線裝書），錢老在序文述說：

自錄一本，絳恐遭劫火，手寫三冊，分別隱藏，幸免灰燼。去年余大病，絳也積勞成疾，衰弊餘生，而或欲以流傳篇什印為一書牟薄利者。絳謂余曰：「與君皆如風燭草露，宜自定詩集，卑免俗本傳訛。」因助余選定推敲，並力疾手書。

這一本詩集著錄自1934年到1991年，即是選自他清華大學畢業後，在上海光華大學執教時至今的作品。依孔慶茂的《錢鍾書傳》說：「1934年前之詩作皆收在《中書君詩》，此書當時為自印本，非賣品很難看到。」吳宓（雨僧）喜悅看到自己學生出詩集，並為它題了一首詩〈賦贈錢君鍾書即題中書君詩初刊中〉：

才情學識誰兼具，新舊中西子竟通，大器能成由早慧，人謀有補賴天工，源深顧趙傳家業，氣勝蘇黃振國風，悲劇終場吾事了，交期兩世許心同。

當我在《槐聚詩存》1948年見有〈草山賓館作〉、〈贈喬大壯先生〉兩首詩時，心中喜悅至極。懸宕多年無法解決的一件事，終於乍見曙光，就是錢鍾書先生何時來臺灣的公案，二年前我在拙文〈從錢

鍾書「退」的人生觀看「錢學」的發展〉提及「舊地重遊」之事,當時只根據錢老給蘇正隆先生的信,承他厚愛邀請到臺灣訪問,錢老説:

承邀愚夫婦訪臺灣極感厚愛,但弟自年前訪日歸來,自覺老懶身心,不宜酬應,且無意走江湖,賣狗皮膏藥,故前歲遠則歐、美、澳、近則新加坡、香港、日本皆有招邀,一律敬謝。今復多病,更安土重遷,臺灣為弟舊遊之地,當寓草山一月……。

這條訊息,引起我無比興奮,到處探尋。逢有相關研究學者便就近求教,如許雪姬、秦賢次、黃英哲等先生對於民國三十六、七年的報紙熟悉無比,可是對於錢鍾書先生來臺的事,他們皆沒有印象,當時書林出版社蘇恆隆先生提供説《臺大校刊》聽説有錢老一篇文章,這本校刊,臺大圖書館未必有藏。今年有機會到上海,與復旦大學王水照先生提及錢老來臺之事,因王先生當年曾經參與錢老主持編寫《中國文學史》唐宋段,他很願意有機會向錢老求證。

《槐聚詩存》書影

我也曾經向中國社會科學院文學研究所楊義先生求證，他也不清楚。可是我仍然不放棄此公案的探詢，也就冒昧給北京三里河錢老寫信，可是無回音，這是預料之事。

錢先生既然來過臺北，為何在大陸出版幾本傳記都沒有提及，令人喪氣。黃維樑先生策劃「錢鍾書專輯」也沒有提及。莊申先生在《名家翰墨》寫一篇〈「為君壽」與「為君長年」———對臺靜農世伯治文與所書聯語所寫的腳註〉提及：

民國三十六年，教育部組織過一個文化訪問團，訪問的目的地是臺灣。訪問團的團員有錢鍾書、向達、鄭振鐸，等知名學者，此外，先父也是團員之一。

這條資料算是最清楚說明錢老訪問臺灣的資料，到底是三十六年或是三十七年，又幾月來，有多少人，拜訪哪些人、那些機構，種種問題，有待查證。莊先生此文乃是為《名家翰墨》「臺靜農、啟功」專輯寫的。當時臺先生在臺大，也因此這訪問團必拜訪臺大中文系，而三十六年臺大中文系主任是許壽裳先生，當北岡正子、秦賢次、黃英哲等先生編的《許壽裳日記》出版，我借得勤奮翻閱想從中獲得一點訊息，這本日記記自1940年8月1日至1948年2月18日，即是許先生被殺當日。當時許先生受陳儀之邀請來臺主持臺灣省編譯館（1946年8月7日正式成立），這組織許先生投下很大心力，懷有極大熱忱為臺灣同胞在文化事業奉獻心力，可是種種阻力，不到一年此組織便遭裁撤。他來臺灣的第一年日記（1947年7月25日）寫下：

來台整整一年，籌備館事，初以房屋狹窄，內地交通阻滯，邀者遲遲始到，工作難以展開，迨今年一月始得各項開始，而即有

二二八之難，停頓一月，而五月十六日即受省務會議決裁撤……。

由於當時國內的確危急，來臺交通並不方便，到館者有李霽野、袁珂（聖時）、李竹年（何林）等人。該組織分有四組：（一）學校教材組。（二）社會讀物組。（三）名著編譯組。（四）臺灣研究組。開鑼不久，皆有成果出版，社會讀物組「光復文庫」第一種許壽裳《怎樣學習國語和國文》、第二種黃承燊編《標點符號的意義和用法》、第三種楊乃藩《簡明應用文》皆在1947年4月發行。而名著編譯組也在1947年1月出版第一種由李霽野翻譯英人吉辛（George Gissing）的《四季隨筆》（ *The Private Papers of Henry Ryecroft* ），這書是李霽野於1944年在北碚所譯的。除此之外待印另有五種，其中有李霽野夫人劉文貞譯哈德生散文集《鳥與獸》。相當可惜許先生有許多計畫皆無法進行，移交給省教育廳編審委員會計近三十件。

雖然在許先生日記找不到蛛絲馬跡，那繼承許先生任臺大中文系主任的喬大壯（曾劬），他的資料更少，1948年暑假後，臺大並未再續聘他，於是離開臺灣，令人惋惜的是當年喬氏便棄世自沉蘇州平門梅村橋下，享年五十七歲，重演屈原、李白、王國維的悲劇。而接任者是臺靜農先生，如今他也作古。因此，這條線索已很難追尋。

另一可探尋的線索，便是秦賢次先生提供翻印的《臺灣文化》，這個刊物是「臺灣文化促進會」之機關刊物，發行人游彌堅，主編有蘇新、楊雲萍、陳奇祿，創刊於1946年9月15日，至1950年12月1日停刊，秦先生說：

光復初期創刊的期刊中，為時最久，水準最高，影響最大的一份雜誌。

李霽野譯《四季隨筆》

林慶彰與作者於民族所

此刊物有「文化動態」、「本會日誌」、「近事雜記」、「本省文化」等專欄，穿插在各期中，但從中並沒有發現文化訪問團的報導。從此刊物看出中國文化生命傳承與臺灣是不能分離的。譬如在第一卷第二期便是「魯迅逝世十週年特輯」。從文章比例看來所謂「臺灣文化」似乎不成比例，事實上看看「臺灣文化促進會」宗旨便清楚知道：

本會以聯合熱心文化教育之同志及團體協助政府宣揚三民主義傳播民主思想改造臺灣文化推行國語國文為宗旨。

但這種刊行方式，也招來抗議，因此，主編便接受批評而說：

本期自下期起，擬多載有關臺灣的文化的文字。日前，有一位朋友批評本誌說：《臺灣文化》，每找不到「臺灣文化」，我們願接受這批評。

此後對於「臺灣文化」之文章，顯然大幅度增加。

經過如此折騰翻滾，仍然沒有半點眉目，於是我向莊申先生請教，所得

答案應是1947年來臺，但莊先生也不
完全確定，要我翻閱報紙及查教育部檔
案，但始終沒有去嘗試，這次為了徹底
解決問題先查詢較容易得到的《自立晚
報》。這也是幾年前林慶彰老師要我查
詢的報紙。

《自立晚報》創始於1947年10月10
日，我以為錢老必在1948年2月以後來
的，因為《槐聚詩存》有〈贈喬大壯先
生〉的詩：

一樓波外許摳衣，適野寧關吾道
非，春水方生宜欲去，青天難上苦思
歸。耽吟應惜拈髭斷，得酒何求食肉
飛，著處行窩且安隱，傳經心事本相
違。

錢先生有小註「先生思歸蜀，美髯
善飲」，可見錢先生必拜訪當時剛接系
主任的喬大壯，同時也透露出喬先生想
回內地心情。因此，1948年以後的部分
我便小心的閱讀，2月18日後，因「許
壽裳事件」每日皆可見報導，直到3月
23日抓到兇手為編譯館前工友高萬伸。
這個事件對於許多學者再回大陸有相當

民國三十七年《自立晚報》錢鍾書
在台灣演講稿

大的影響。千辛萬苦搜尋中，終於在4月14日看到「錢鍾書先生講〈中國詩與中國畫〉文展學術演講紀錄稿之五，本報記者未名筆記」。原來是教育部在臺北要舉行一個文物展覽會，應邀參加這個展覽會的人員在1948年3月18日抵達基隆，由當時省政府教育廳長許恪士親自登輪迎接，有當時中央圖書館館長蔣復聰（應作璁）、中央博物館向達、王振鐸、故宮博物院莊尚嚴，及教育部人員、上海市收藏家計二十二人。促成這次文物展覽會者乃當時教育部長朱家驊先生，報載說：

教育部長朱家驊，前次蒞臺視察返京後，為關懷啟發臺胞教育，使臺灣同胞借鏡觀覽祖國歷代文物，特諭由中央圖書館，中央博物院，故宮博物院酌配歷代文物及善本圖書，並邀滬市藏家參加。品類有圖書、瓷器、陶器、銅器、銀器、俑及善本書等，計661件。

展覽會3月24日在臺北市省博物館、圖書館舉行，當時由教育部次長田培林主持開幕。依當時國事蜩螗，多事之秋，有這樣的舉動，可預料當時政府已有遷臺之構想，而當時來臺視察的要人很多，如蔣介石夫婦（1946年10月21日）、宋子文（1946年1月25日）、蔣經國（1947年3月17日）……等人。

此次展覽會，故宮博物院文物並沒有來臺展出，田先生在當場答覆觀眾說：「故宮博物院存品，若是拿到外邊來，必須經過理事會通過，理事會不即召開，受時間上的限制，所以沒有來臺參加。」故宮的文物沒有來臺，當然這可看性就沒有那樣高，因為此次展覽以書畫為主。我猜測當時故宮文物已開始準備遷臺，約半年後在1948年12月21日由南京運出。

除了展覽會外，另有專家專題演講，依《自立晚報》記者記錄有
以下幾場演講：

第一場　3月30日上午　向　達　〈敦煌佛教藝術〉

（登載在民國37年4月1、2日）

第二場　3月30日下午　李玄伯　〈中國古代社會與近代初民社會〉

（4月4.5.6日）

第三場　3月31日上午　王振鐸　〈指南針發明史〉

（4月7.9.10日）

第四場　3月31日下午　莊尚嚴　〈中國繪畫概說〉

（4月11.12日）

第五場　4月　1日上午　錢鍾書　〈中國詩與中國畫〉

（4月14.15.16）

第六場　4月　1日下午　屈萬里　〈中國刻本書前的圖書〉

（4月17.18日）

第七場　4月　2日上午　蔣復璁　〈中國書與中國圖書館〉

（4月19.20.21日）

這七場演講皆與書畫、文物相關，因4月22日之後便無記錄稿的
刊載，可見只有七場。這些演講地點是在臺灣大學法學院，從報紙報
導情況聽講的人似不多，「學術演講一般說地點太偏了，中心一點，
也許聽的人還要多」。可是在4月1日晚報記者有消息報導錢鍾書先生
那一場演講情形，盛況空前，茲轉錄如下：

　　文物展覽學術講座今日為第三日，上午第五次演講，當講者，
為小說家錢鍾書，題為「中國詩與中國畫」，九時後聽眾漸多，女

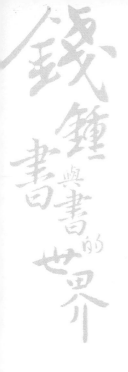

錢鍾書先生主編英文刊物
《書林季刊》書影

師商職學生佔了三分之一座位，是三日以來最多者。十時錢氏步上講台，由劉院長（按：乃指法學院院長劉鴻漸）介紹後即用幽默語調開始說，劉院長介紹使我心理很惶恐，像開出一張支票，怕不能兌現，引得哄堂大笑。後又說：好在今天是愚人節，我這愚人站在這裡受審判。接著開講，由中外畫上引證畫與詩本是一件東西用兩種技巧，二種不同工具表現出來的東西，後即對中國畫與中國詩並不是足可以代表，中國畫的畫中就可以找到中國詩的特點，說明頗詳，旁敲側擊，說得頭頭是道，至十一時始畢。

幽默風趣的錢先生被視為小說家，早於四十七年前的臺灣已如此風采，受人歡迎。當時他三十八歲，《圍城》剛出版一年，臺灣的讀者必有不少人看過，否則聽眾不會門庭若市。

錢先生講〈中國詩與中國畫〉與這次展覽會相當契合，因為展覽會以書畫作品為主。當時錢先生是《書林季刊》（Philobiblon）的主編（國立中央圖書館發

行），館長是蔣復璁先生，任此次展覽會的團長，當然會邀請錢先生一起來，以壯行色。錢先生講題雖然八年前已發表過，但配合展覽會的設計有其可聽性。可惜記錄稿有些錯誤，可能手民誤植，如「好在今天是aprie fooe」應是「April fool」；斯屈來欠（人名）Lvttonrachey，應是Lytton Strachey；《人物與評論》（Charactersd Commenta resi）應是（Characters and Co-mmentaries）。

每一場記錄稿皆沒有讓講者看過，當因稿件刊出時，這訪問團可能已回大陸，因為展覽時間只有三週，這些記錄稿，雖然有些訛誤之處，但是從文化命脈來看，彌足珍貴。這次文物展覽會也遭人批評，尤其是書畫部分，楊雲萍說：「此次教育部舉行的文物展覽會，確給予我們一些興奮。……只是，老實說，所展覽的字畫的所謂名家，大家的作品中，除董其昌的書法屏，華喦的〈寒山拾得圖〉等少數外，作者的真贗，頗有可議的。」前已提及故宮博物院的書畫不能來臺展覽，只能向上海私人收藏家商借來展示，才會有如此質疑。所以莊尚嚴先生在演講說：

這次教育部主辦的文物展覽會，以書畫佔大部份，因為時間關係，故宮博物院的書畫不能帶來，多半是上海私人收藏家的珍品，東鱗西爪，看不出中國畫演變的梗概。

大陸學者在當時有許多人來臺，主要是臺灣回歸祖國懷抱，要在此處建設中國文化的根基。這訪問團正好遇上許壽裳先生被刺事件，《自立晚報》幾乎每天有此事件的報導，我們猜測錢先生看到此情況，再加上與喬大壯等人會晤，心中必有不同的感受，又「二二八」事件發生不久，使得一些學人對留在臺灣猶豫不定。錢先生詩作〈草

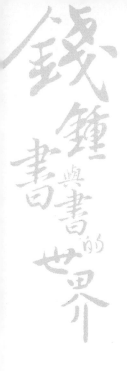

錢鍾書〈草山賓館作〉

山賓館作〉：

空明丈室面修廊，睡起憑欄送夕陽，花氣侵身風入帳，松聲通夢海掀床。放慵漸樂青山靜，無事方貪白日長，佳處留庵天倘許，打鐘掃地亦清涼。

從詩作中看出錢老心境，幽靜空靈的草山，松聲山泉飛瀑，鳥語花香滿室，桃花源人間仙境，與世無爭。可見錢先生對此地的印象，極為讚賞，否則不會有「打鐘掃地亦清涼」的心境。

當陳儀主政臺灣時，有許許多多學者隨他來或是自行來訪問、參觀、表演。例如馬思聰（1946年7月）、歐陽予倩（1947年1月）、巴金（1947年6月）、田漢（1947年11月）、豐子愷（1949年10月）、劉海粟（1948年2月）、袁珂（聖時）、李霽野、魏建功、羅根澤等人。楊雲萍如實的說：「近來，有一種流行，就是從省外來臺灣視察的貴客，莫不以稱贊本省，嘉許本省的現狀的話，作他們的視察的感想。」當時臺灣剛回歸祖國，內地的人皆懷有憧憬，想來看

看。他們的意見不見得皆是好的。錢歌川（味橄）說：

> 勝利到臨，許多朋友，多隨著陳儀長官到了臺灣。從事文教工作，也頗不乏人，有的流連忘返，有的卻不到幾個月就重返內地了。……有的人把臺灣比同仙境，說的天花亂墜，有人卻訴說臺灣生活之苦，枯燥無味，一無可取。

我們不難看出當時臺灣與內地學術界往來之頻繁，同時對出版界資訊、文藝活動等皆有掌握。可是政治情勢的改變，有些人畏懼二二八事件、許壽裳事件諸如此類悲劇再發生便紛紛回到內地。李霽野在二二八事件發生之後，便逃回內地，他無奈的說：「要逮捕我的傳聞又迫使我深夜攜家逃亡，經香港於1949年五一節前夕到達天津。」當時兩地的確不太穩定，尤其內地情況更糟，如「黎烈文原擬離臺赴閩，聞因臺灣生活比較安定關係，臨時打消原意」。

這次文物展覽會大約是1948年4月中旬便結束，政治情勢詭譎多變，造成兩岸日後為文物之所有權恣肆謾罵。臺灣百姓有機會欣賞到此次展覽，雖不全是精品，但也見識到故國的文物之美。朱家驊先生用心良苦，有其貢獻。各演講人配合展覽，其演講內容也發揮最大效果。而錢先生這一次旅臺演講「寓草山一月」，如今不想再「舊地重遊」，就四十七年後今天看來，其意義非凡。對於因政治體制造成文化上的隔閡，令人惋惜。但臺灣與中原文化血源命脈，始終脫離不了關係。

補記：本文原載《中國文哲研究通訊》第五卷第四期（1995年12月），頁33-43。曾寄呈錢鍾書先生夫婦指正。楊季康先生請欒貴明先生代筆覆函，欒先生大札說：「錢先生多次說起五十年前的寶島

之行，對海天青山，學府學人均讚不絕於口。」可見錢先生對臺灣之印象。

第五章

錢鍾書與《學文》月刊

偶然機會中在舊書坊發現有「中書君」的〈論不隔〉,「中書君」便是錢鍾書先生的筆名,發表在《學文》月刊上。《學文》月刊一九三四年五月出創刊號,八月便停刊。總編輯為葉公超先生,發行人為余上沅先生,編輯所在地是北平西郊清華園,當時葉先生任教清華大學,他邀集《新月》人馬及提攜後進共同開闢一個文學陣營,但短短的的生命也留下一個歷史蹤跡,從中國新文學史上觀察《學文》似乎不存在過。

《學文》繼《新月》另起爐灶,《新月》創刊於一九二八年三月,一九三三年六月第四卷第七期停刊,在第四卷第一期「志摩紀念號」出刊了便走下坡,後由葉公超受命又編了六期才結束生命。但葉先生又鼓起勇氣,召集了清華同仁聞一多、林徽音等《新月》友人創刊《學文月刊》,《新月》友人在《學文》發表文章有以下幾位:

胡適、饒夢侃、孫洵侯、林徽音、方令

《學文月刊》書影

《新月月刊》書影

孺、孫毓堂、陳夢家、楊振聲、卞之琳、廢名、吳世昌、梁實秋、葉公超、沈從文等人。

《學文》的風格完全與《新月》一模一樣，不外是詩、散文、小說、論文、譯文等，撰稿作家除了《新月》支持者，加進的生力軍是北大及清華的高材生，如季羨林有〈年〉的散文（創刊號）；何方（何其方）有新詩〈夏〉（第二期）；蓮生（楊聯陞）有小品〈斷見〉（第二期）。楊先生在〈追懷葉公超〉一文靦腆的說：

這篇文章沒有什麼好，可紀念的是曾經葉師逐句推敲改定。

因為楊先生之筆太熟，葉先生要他學俞平伯、廢名（馮文炳）之筆法，將此小品刊第二期，使楊先生雀躍自喜如登龍門之感。又如陳夢家夫人趙蘿蕤有郝思曼（A. E. Housman）文學評論論文（詩的名稱及其性質）（第四期）、卞之琳譯艾略特（T. S. Eliot）文學評論論文〈傳統與個人的才能〉（第一期）、其他如李建吾（劉西渭）、聞家駟（聞一

多之弟）等人。以上這一批人都是學術界聞人。而聲名更高的應是目前健在的錢鍾書（默存）先生，他在《學文》計有第二期用英文寫的論文〈Su Tung-Pos Literary Background and His Prose-Poetry〉（蘇東坡的文學背景及其散文詩）署名CHIEN CHUNG-SHU，與在《清華週刊》發表署名Dzien Tsoong-su不同。和第三期〈論不隔〉（論文）。這兩篇文章為他清華畢業（一九三三年）任教上海光華大學外文系時寫的，錢先生另外在《清華週刊》、《大公報·世界思潮》、《大公報·文學副刊》、《光華大學半月刊》均有論文及書評發表。《新月》快結束時，受葉公超賞識為它寫了五篇書評：

秦賢次編《葉公超其人其文其事》書影

1. 署名中華君（應為中書君），評《一種哲學的綱要》E. S. Bennett *A Philosophy in Outline*（第四卷第三期）

2. 署名中書君，評周作人《中國新文學的源流》（第四卷第四期）

3. 署名中書君，評《美的生理學》

Arthur Sewell *The Physology of Beauty* （第四卷第三期）

4. 署名中書君，評曹葆華《落日頌》（第四卷第六期）

5. 署名中書君，評沈啟无編《近代散文鈔》（第四卷第七期）

葉公超對這一位家學淵源深厚的江南才子，另眼看待。在清華與錢鍾書同一級赫赫有名中文系同學有吳組緗、林庚；外文系有曹禺；哲學系有喬冠華。（喬後來任中共外交部長），當時他以沉醉在馬列著作之研究。參見章含之等人《我與喬冠華》中國青年出版社，（一九九四年五月）試翻《新月》後幾期唯獨錢先生連續有五篇文章發表，加上《學文》二篇計有七篇。可見葉氏對他的賞識。楊聯陞在悼葉公超的文章〈追懷葉師公超〉說：「記得先生頗賞識錢鍾書（中書君）與吳世昌。兩位都有文章在《學文》刊載。先生說中書君考留英時，得分數最高。」剛二十出頭，頭角崢嶸的錢老竟然在《新月》寫了五篇中英文著作書評，使得楊聯陞豔羡不已。

《學文》只短短四期的生命，但它持續《新月》精神。他們所以堅持再創辦《學文》，葉公超在〈我與學文〉一文提到兩點理由：

1. 因《新月》停刊，找不到財源，故決議所有朋友，湊錢繼續另辦一個刊物，湊多少就出多少期。另一方面反對左翼作家認同共產黨的路線，因此要對抗他們必要辦一份雜誌。

2. 由於當時對歐美文學，都重視詩的語言，即所謂Poetical Language，大家認為中國的白話詩，將來要有成就，當要在語言節奏方面努力。故在這方面的表現，四期中有充份的顯現。

從以上二兩點看來由於理想及實際的衝突，終究無法辦下去。財源的確是最大因素，當時參與的皆是教書匠及學生，很難有充裕的財

源能力。胡適之先生當時任北大文學院院長，也起不了多大作用，葉公超説：

當時一起辦《新月》的一群朋友，都還年輕，寫作和辦雜誌，談不上有任何政治作用。

胡先生在《學文》有兩篇札記，一為〈西遊記的第八十一難〉（第三期）；一為〈一篇所題的墓碑〉（第四期）。關於〈西遊記的第八十一難〉他認為與普通本有差異，故將此改本揭露，與《西遊記》迷一同欣賞參考。胡先生在前言説：「十年前我曾對魯迅先生説起西遊記的第八十一難（九十九回）未免太寒傖了，應該大大的改作，方才襯得住一部大書」，胡先生有心為第九十九回改編，但皆無暇。直到發現舊鈔本《西遊記》，經與孫楷第合校，故有這六千多字的改本，同時這段文字耿雲志先生在《胡適年譜》説它有「明顯寓意的文字」。胡先生在一九三零年四月三十日給楊杏佛信中説：「我受了十餘年的罵，從來不怨恨罵我的人。----如果有人説，吃胡適一塊肉可以延壽一年半年，我也一定情願自己割下來送給他，並且祝福他。」可見胡先生寓有微意，懷有玄奘法師寧受人惡罵吃肉的佛家慈悲為懷之心。這一篇文章在《學文》發表之前言與台北遠東圖書公司之《胡適文存》（第四集）所收〈西遊記的第八十一難〉之前言不太一樣，少了孫楷第（子書）合校這抄本的文字。同時有言：

因為《學文》月刊的朋友要稿子，就請他們把這篇「偽書」發表了，現在收在這裡，請愛讀《西遊記》的人批評指教。

所記的日期也是一九三四年七月一日。「現在收在這裡」乃指收在《胡適論學近著》卷三（一九三五年，上海商務印書館）而台北

遠東圖書公司《胡適文存》第四集便是根據《胡適論學近著》第三卷而來，但內容略有刪減。可見此前記應是一九三五年重寫，或是一九五三年為台北版重寫。台北版少了孫楷第的合校字樣，是為解嚴前為避免提到大陸學者而加以刪除。總之，這一段文字對研究《西遊記》及對胡先生的人格研究有很大的幫助。

二為〈中華民國華北軍第七軍團第五十九軍抗日戰死將士公墓碑〉這碑文胡先生撰寫，錢玄同書丹，實有劃時代文獻意義，胡先生在〈後記〉説：「碑版文字用白話，這未必是第一次，但白話的碑文用全副新式標點符號寫刻，恐怕這是第一次了。」並且由鼓吹新文學及新文化運動的錢玄同書寫。胡先生於一九三五年六月五日（應為一九三五年七月五日）的日記提到綏遠大青山看「抗日陣亡將士公墓」，此公墓碑文便是先刊於《學文》上的碑文。胡先生將它刊於《學文》以紀念抗日將士，犧牲成仁的事蹟。約一年後參觀時又有詩紀念〈大青山公墓〉：

霧散雲開自有時，暫時埋沒不須悲。青山待我重來日，大寫青山第二碑。

從胡先生二篇文章看來，葉公超的感慨財源拮据，是有其道理。因為連胡先生的幫忙也是有限的。

從四期作者群看來，作者大都作古。健在者也都是耄耋之年，如錢鍾書、季羨林、趙蘿蕤、卞之琳等學者。葉公超維持這四期《學文》，除了《新月》作家外，大都是北大及清華的學生。這一批學生中後來成為大學者的錢鍾書、季羨林、楊聯陞等人。季先生是著名的翻譯家，精通梵文、巴利文、吐火羅文，翻譯《羅摩耶那》、《五卷

書》等書。楊先生是著名的漢學家，有《國史探源》、《漢學評論集》等書。這批學人了除了胡適、梁實秋、楊聯陞等人在一九四九年離開大陸外，其他大都留下來。而他們大多不再創作，如孫毓棠（文學）、陳夢家（甲骨文）、季羨林（梵文翻譯研究）、聞家駟（翻譯文學）、卞之琳（翻譯文學）、沈從文（文物研究）。這完全是政治關係所造成的，斷絕了文學創作的心靈。沈從文在第四期有〈湘行散記─老伴〉是沈氏成名著作，一九四三年十二月開明書店結集出版，但臺灣雕龍出版社翻印時刪除了「民變」那一段。這是解嚴前翻印大陸書的特色，參考引用時當注意。

　　葉先生臨危受命辦了《學文》，可是他卻只刊登了一篇文章，即第二期〈從印象到評價〉，但可說聊勝於無。或許他忙於教學或是出國在即。在第三期中的編輯後記，當然是葉先生寫的。編者對於未來懷有無限之期盼，如對於歐美文藝批評理論文章將擇其要譯載，如有卞之琳的艾略特〈傳統與個人的才能〉，已刊第一期。可見葉氏相當重視這方面的文章，同時已付諸行動。對於中國舊材料有新問題的文章，也表示要刊載。第四期便有唐蘭之〈老子時代新考〉。同時又表示將有胡適關於《儒林外史》之文章。總而言之，葉公超等於實際執行編務，儘管第四期未出刊前他或已出國，但約稿大部份底定。葉先生說當時《學文》邀請生力軍朱孟實參加，「使《學文》增色匪淺」，但是似乎未見朱先生有文章出現。從四期的作家看來，有筆名可查的是：

　　徽音〈林徽音〉、何芳〈何其芳〉、廢名〈馮文炳〉、蓮生〈楊聯陞〉、中書君〈錢鍾書〉、蕭蕤〈趙蕭蕤〉

無法查證筆名有：

白蘋、家、君蕾、殷炎

　　吾人試就這四期刊物分析了編者的苦心及理想，也為作者群做了簡要的說明，尤其是錢鍾書先生在《學文》的搶眼表現。翻翻中國現代文學史，或中國新文學史是沒有《學文》的蹤跡。它想繼承《新月》的使命，開闢另一個天地，來對抗左翼文學，可是短短四個月便夭折，結束了傳承的使命。但它卻能留下一些新秀作品，作為研究中國新文學史的參考。

註：《學文》重印本台北雕龍出版社，民國六十六年十一月

本文原登於《國文天地》第十一卷八期 頁88-92 1996年1月

第六章

吳宓日記中的錢鍾書

楊絳先生在六月號（1998）《讀書》發表了一篇〈吳宓先生與錢鍾書〉，這一篇文章主要在陳述民國二十六年，錢鍾書承他的老師溫源寧要他為其《不夠知己》一書論及吳宓處，寫一篇英文書評，錢先生當然恭敬不如從命立刻為文，其文對吳宓批評、嘲諷有加。楊絳説錢先生當年內疚不安，雖然後來在昆明向吳宓道歉，而吳先生説：「他早已忘了」，這段陳年往事，事隔近一甲子，錢先生仍放在心中，主要是當年吳宓在日記記錄了他對於錢先生文章的不滿「該內容，對宓備致譏詆，極尖酸刻薄之至，----」、「又按錢鍾書君，功成名就，得意歡樂，而如此對宓，猶復繆托恭敬，自稱贊揚宓之優點，使宓尤為痛憤。」（《吳宓日記》第六冊一九三七年三月三十日）這一年錢先生二十七歲，人在英國牛津大學留學。

近來北京三聯書店出版《吳宓日記》計八冊，由吳宓女公子吳學昭整理並注釋，吳

《吳宓日記》書影

吳宓《文學與人生》書影

學昭給楊絳寫信，說要不要看他父親記錄他們兩人的事，同時請錢鍾書為日記寫序，那時錢老出院不久，錢先生讀過摘錄的日記，便也寫信同時希望將此信附錄在《吳宓日記》中，錢先生極為誠懇表達當年的無知，錢先生說「然不才少不解世事，又好諧戲，同學慫恿之，逞才行小慧，以先師肅穆，故尊而不親。」又「先師大度包容，式好如初，而不才內疚於心，補過無從，惟有愧悔。倘蒙以此書附入日記中，----- 」從以上的陳述和楊絳寫此文，主要為錢先生當年狂傲表示道歉，附在《吳宓日記》作為序的那一封信，已經表達了錢先生的誠懇，楊絳亦說：「他的自責出於至誠，也唯有真誠的人能如此，錢鍾書在這方面和吳宓是相同的。」

這部日記記錄吳宓先生一生的生命歷程，亦可做為民國學術史的重要參考資料。錢先生是一九二九年進入清華大學，吳宓還稱讚他「當今文史方面的傑出人才，在老一輩中要推陳寅恪先生，在年輕一輩中要推錢鍾書，他們都是

人中之龍。」又將錢先生的詩收入他的
《吳宓詩集》中，可見吳宓對錢先生的
稱許。在《吳宓日記》中我們可發現錢
先生的蹤跡有以下幾處：

一九三零年二月二日
一九三七年三月三十日
一九三七年四月十一日
一九三七年六月二十八日
一九三七年十一月十九日
一九三八年六月二十日
一九三八年十一月三十日
一九三八年十二月五日

《空軒詩話》書影

不過這些記錄皆很短，其中較為
詳實的紀錄，便是為了錢先生那一篇書
評，所引發吳宓的憤慨及心中不平的紀
錄。

這部日記記錄了民國文人的事跡，
如他與賀麟、陳寅恪、毛子水---等人
的往來。尤其是他與毛彥文的苦戀，在
日記中佔許多篇幅。他上課時遭學生逼
問他的詩集每一首詩的典故，吳宓為人
老實，當然敵不過學生的追問。楊絳亦
說：「作弄一個癡情的老實人是不應該

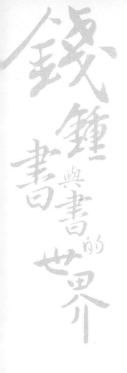

的。」錢先生在信中愷切的說：「不才讀中西文家日記不少，-----未見有純篤敦厚如此者。」這些皆可見到吳宓的真性情的個性。此外，他想促成毛子水先生與張清徽先生的交往費盡苦心，這些紀錄彌足珍貴。由《吳宓日記》引發錢先生的道歉，可見錢先生的為人及尊師重道的古風，同時這部日記對於民國以來文人的行為及治學態度皆提供了不少珍貴的材料。

本文原登《文訊雜誌》頁27-28 1999年1月

吳宓譯詩

第七章

湯晏的錢鍾書傳記

名人無論生前或故後，被人關注立傳多如過江之鯽。近代學人錢鍾書先生生前隱退江湖不賣狗皮膏藥，遇有人要為他立傳者，總是好言相勸，要他們不必勞師動眾，但是他這種謙讓態度並不為這些好意者所接受。目前為錢先生立傳者有胡志德（Huters Theodore）《錢鍾書》、愛默《錢鍾書傳稿》、孔慶茂《錢鍾書傳》、張文江《文化崑崙一錢鍾書傳》，這些作者苦心孤詣網羅傳主各種文獻材料，完成的傳記，有些往往是與事實不符，引來傳主的抗議。相信湯晏先生這部《民國第一才子---錢鍾書》（時報文化，2001）也會遭到傳主所不允的命運。故在錢先生過世後才發表，但作者長期與錢先生伉儷有書信往來，又曾在香港《純文學》月刊連載過，錢夫人楊季康先生曾函作者道賀此書的出版，且說「不採用無根據的傳聞」，可見這部傳記是目前為錢先生立傳中，最值得參考的一部。

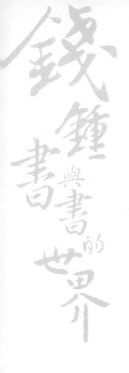

《一代才子錢鍾書》書影

湯先生這部傳記引用許多與楊季康先生的信件彌足珍貴，透過錢夫人之口，應該是最為真實的，釐清史實上的問題。譬如：錢先生離開西南聯大之後，聯大仍要他再回去（頁231），同時，聯大外文系系主任陳福田也來過上海造訪錢先生（頁232），這些皆引用錢夫人的話。此外，該書附有錢先生與作者的信箋見到錢先生為《陳寅恪詩集》閱訂，「陳寅恪先生詩集由其弟子蔣天樞先生編定，請弟閱訂，剛繳出。」，關於這一點外界或許不知，因為《陳寅恪詩集》（清華大學出版）在後記中陳流求謹提到傅璇琮校審，並未提及錢先生，關於這一點是研究錢學者的好材料。

湯先生著作中有幾處，筆者以為可互相商榷之處：

一、湯先生在自序中提出三個未解決問題，其中有錢先生為何離開西南聯大而去藍田師範學院，他在文中說「對他自己為何離開西南聯大到藍田，說得很清楚明白」（頁198），這是指錢先生

李田意與作者

周策縱與作者

給梅月涵的信，錢先生自己表達的，但是真正原因，作者在頁212註39也表露了，就是劉文典瞧不起沈從文，當年在西南聯大教師中有些人看不起沈從文，李田意先生當時在西南聯大任教，他生前曾向筆者表示錢先生離開西南聯大與沈從文有關，或許這就是真正的原因。

二、一九四九年大陸易手，錢先生為何不往外跑，筆者曾考證錢先生來臺灣，那是一九四八年，當時臺灣與大陸均兵荒馬亂，錢先生對於臺灣雖有極佳印象，「佳處留庵天倘許，打鐘掃地亦清涼」，但是前一年發生二二八事件及錢先生來臺灣正好許壽裳被殺鬧的滿城風雲，這些必影響到他來臺灣的意願，至於到其他國家或許他是更不願意。

三、湯先生在文中提及，錢先生來臺訪問團的領隊不詳，（頁266）筆者在拙文〈錢鍾書在臺灣〉（《中國文哲研究通訊》第五卷四期，頁33-43）一文已說明領隊就是蔣復璁先生。

四、湯先生對於錢先生在臺大法學院演講的介紹人臺大法學院院長

劉鴻漸，無法得到劉先生的資料，還去函臺大法學院秘書處查詢，皆石沉大海。（頁288註9）關於劉鴻漸，我在徐友春編《民國人物大辭典》（該書頁1457）（河北人民出版社，1991）很容易查得。劉先生（1885-1962）在一九四七年秋天來臺灣任教於臺大法學院，一九六二年過世。

　　五、眾人研究錢學，皆忽略錢先生《槐聚詩存》在一九八九年那首〈閱世〉，筆者以為是錢先生刻意保留的一首，對於時事的悲歎，但又無可奈何，「星星未熄焚餘火，寸寸難燃溺後灰，對症亦知須換藥，出新何術得陳推」，筆者拈出此詩，與錢先生感同身受。

　　筆者提出以上幾點，供湯先生及研究錢學者參考。這位被壓抑的天才，周策縱先生如此稱呼，此書原名為《被壓抑的天才錢鍾書》（周先生曾惠函告知），這位天才的著作仍待出版，目前就有兩部書待印行，如錢夫人在湯書序中說的《宋詩紀事補正》及《錢鍾書手稿集》，眾人企盼。此二書均為錢夫人費心整理的，錢夫人曾說「但是他一生孜孜矻矻積聚的知識，對於研究他學問和研究中外文化的人，總該是一份有用的遺產。我應當盡我所能，為有志讀書求知者，把鍾書留下的筆記和日札妥為保存。」（《讀書》2001年9月號）就研究錢學者，這是一個很好的訊息，加上湯晏先生如實的傳記，對於錢先生的學術思想研究可進一步的探索及研究。

本文原登《文訊雜誌》總204期 頁12-13 2002年10月

第八章

「錢學」研究評介與展望

一、前言

錢鍾書（1910-1998）在世紀交換之前，他過完八十八歲生日，於1998年十二月十九日過世，享年八十八歲。[註1]這一位才高識卓，片言隻字皆為世所寶的才子學人，在中國現代學術史上無疑已佔有一席之位，給世人留下的學術著作，值得細細去研究探索，對於他本人的各種評價在謝世後，或可較客觀去評斷及研究。長期以來筆者潛心於「錢學」資料收輯，茲草撰此文，不揣窮陋，就教於大家。

二、錢鍾書與「錢學」

錢鍾書，字默存，號槐聚，筆名中書君，江蘇無錫人，民國學者錢基博公子，家學淵源甚深，自小資優秉賦、記憶驚人，加上勤奮努力，造就他一生的學術成就。[註2]他入清華大學拜訪了吳宓（1894-1978）[註3]吳宓對這位新生是另眼看待的，他的《吳宓詩集》就

收有錢先生的詩。[註4]錢先生畢業後，吳宓又擔心他回清華轉變原來學風[註5]，可見錢先生當年傲踞群雄的氣概。因此，吳宓推崇他説：「當今文史方面的傑出人才，在老一輩中要推陳寅恪，在年輕一輩中要推錢鍾書，他們都是人中之龍，其餘如你我，不過爾爾。」[註6]他是清華三才子之一，另二位是夏鼐及吳辰伯、又是三傑之首。[註7]這在在顯示出他的學海，無人與之匹比。淵博與睿智搭配他的寬闊心靈，加上他懂六國語言，英、法、德、西班牙、義大利、拉丁語，故能悠遊「七度空間」（黃國彬語），縱橫四海，博覽古今中外典籍，暢談典故、比喻、批評、詮釋樣樣搬上舞台，博的令人昏眩，吊的書袋多的驚人。一九七九年在美國、日本等地訪問，講者談天説地、旁徵博引、逸興遄飛、口若懸河，使人自嘆不如。

錢先生的博學及才華引起眾人的興趣，有名的人物往往經不起雪片紛飛的信函及懇求訪見，他總是拒絕一切的訪問，徵求他著作重印，他亦是拒人於

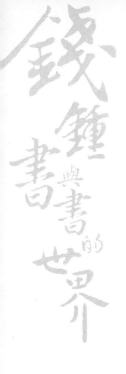

錢鍾書先生給筆者信（1990）

千里。所以常常遭人埋怨及嫉妒，認為
他崖岸自高，高不可攀，又不與人來
往。有時他調侃人令人噴飯：「假若你
吃了一個雞蛋覺得不錯，又何必認識那
下蛋的母雞呢？」他淡泊名利不願意
「走江湖賣狗皮膏藥」[註8]的做法當然遭
人質疑，認為是故作姿態，事實上他的
一切做法是真誠的，他不願別人去研
究他，亦不允許《錢學研究》叢刊的出
版，聞有人為他開家學研討會便說：
「不必花些不明不白的錢，找些不三不
四的人，講些不痛不癢的話。」[註9]他的
著作亦不出版，目前《管錐編》續集及
《感覺、觀念、思想》（英文）均未見
蹤跡。張文江說：「《管錐編》、《感
覺、觀念、思想》這兩大著作是錢鍾書
一生治學的結晶。」[註10]張先生時與錢先
生論學，可見必看過原稿，又他著《文
化崑崙---錢鍾書傳》，該書力求客觀
資料評述錢先生的學術，祈望未出版的
《錢鍾書集》能出版。

　　錢先生反對寫自傳，他說：「回憶
是最靠不住的，一個人在創作時的想像

錢鍾書先生惠信信封

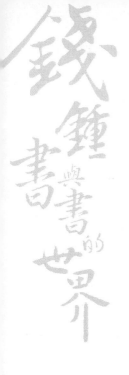

錢先生給陳慶浩先生信轉貽筆者

往往貧薄可憐，到回憶時，他的想像力常常豐富離奇的驚人。」[註11]使錢先生退的原因，雖然在於一些盲目崇拜者，促使他拒人於門外，謝客謝事，而事實上這些年他臥病於床，導致他不再文事，接待訪客。其實，錢先生並非那樣「清高」，只是他不願有些人借「錢」發「錢」罷了。如果真誠對於學問上有所請益，他還是會覆信，對於青年人特別鼓勵，他對鄧偉説：「你們年輕人，名利地位都不要去追逐，年輕人需要的是充實思想，要多層次、多方位去思惟。」[註12]這是長者對於後生晚輩的厚愛與諄諄教誨，對於戮力於學術的年輕人是有很大的鼓勵。[註13]

「錢學」的盛行及研究，形成一股熱潮，但是這種風潮往往很難持久，儘管是「顯學」亦是會曇花一現。故錢先生説：[註14]

大抵學問是荒江野老屋中二三素心人商量培養之事，朝市之顯學必成俗學。

錢先生不喜歡別人宣傳他，但他

的學問風格被一些「錢學」迷熱衷討論。所謂「錢學」的研究，是針對錢先生著作，做多元化的詮釋及注解，甚至與其他學科作比較。這種學問涉及的範圍很大，錢先生掌握中西文化的淵博知識，展開「打通」的功夫，是使一個「母題」（Motiv）在中國文化典籍中所呈現的意義或引申意義，做全面性的詮釋。其中涉及文字、聲韻、訓詁等學問的解說，在這個基礎加以批判及申述，往往引用了中西方的不同語言的解釋，加以歸納及分析，由點、線、面多方面旁引，呈現「七度空間」悠遊，語出獨見，言現妙論，中西匯融，合成一爐。

「錢學」的開展應始於1979年，這一年廈門大學中文系鄭朝宗招收四名專門研究《管錐編》之研究生，鄭先生是清華大學與錢先生同系的後輩，他指導四位學生分別於1982年畢業，並出版了《管錐編研究論文集》[註15]它是「錢學」研究的濫觴者，但「錢學」這個名詞吾人第一次見到於孔芳卿（陳耀南）記述錢先生在日本京都大學座談紀錄中，「就惟有待若干年後錢學的聚訟結果了」[註16]。鄭先生說他「但開風氣不為師」，傳佈「錢學」大纛便落在鄭先生這些弟子，除了井緒東沒有專書出版外，其餘三位分別出版專書：

1. 何開四《碧海擎鯨錄---錢鍾書美學思想的歷史演進》成都出版社1990年3月
2. 陳子謙《錢學論》四川文藝出版社1992年8月
3. 陸文虎《〈圍城〉內外---錢鍾書的文學世界》解放軍文藝出版社1992年4月

不過當我們回首看看這些致力於「錢學」研究者，因錢先生用文言寫作，故不易懂。在這種局限下，又涉及多國語言之障礙，要有突

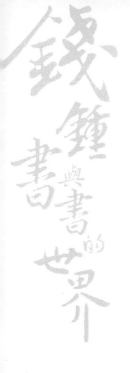

破性之研究是較為困難的。不過錢先
生的論述亦並非全是對的，又在引述
原典時引文往往會漏掉一大段、或誤
植時有可見，但《談藝錄》、《管錐
編》皆在艱難環境中提煉出來的，難
免有誤。「錢學」研究方向角度是寬
闊的涉及哲學、文學、美學、藝術、
社會科學之政治學、心理學、人類
學、-----等等。將人文科學與社會科學
融為一爐，如何詮釋、解析、批判皆
待有志者努力為之。

　　被喻為營建巴別塔（Tower of
Babel）的錢先生一生的評價，後人可就
好幾個角度去評騭。生前由於多顧忌，
他的門生及學人皆不敢多為文，爾今他
謝世自可較客觀去評斷，同時亦可就個
人親身經驗或與他共事的各種軼事用文
字記錄，如抗戰的錢鍾書或文革的錢鍾
書，這些蛛絲馬跡，留下的並不多，若
能更多人參與，這些對於錢鍾書傳有更
充實的補充及對他學術研究上有更客觀
的評價及參考。

連載《圍城》的《文藝復興》書影

三、「錢學」在大陸地區以外研究成果之評介

錢先生的著作，在學生時代大都是散文，而他在倫敦大學的學位論文〈十七世紀英國文學裡的中國〉（China In The English Literature of The Seventeenth Century）及〈十八世紀英國文學裡的中國〉（China In The English Literature of The Eighteenth Century），這兩篇論文登在《圖書季刊》，[註17]至目前為止甚少人加以引用、或研究。而他受人青睞的作品大概是《寫在人生邊上》（1941）及《圍城》（登在《文藝復興》1946）。海外知道錢先生的大名應是從夏志清先生的《中國現代小說史》（A History of Modern Chinese Fiction）開始，此書是1961年出版，但錢先生一直到1978年才知有此書專章論述他的作品，[註18]這一年九月錢先生出席義大利奧爾蒂賽召開的第26屆歐洲漢學會議，他發表了〈古典文學研究在現代中國〉[註19]，這篇文章應是他在1948年4月在台灣講〈中國詩與中國畫〉[註20]海外的第一次演講。由於他熟悉引用義大利的作家，無論是名作家甚至二、三流作家皆能背誦他們的作品，引起歐洲漢學家的覷覷相望。他在此次學術訪問中亦知海外有人對他的研究及《圍城》有法、俄、捷克文三種語言的翻譯，可見對錢先生著作的注意，是來自夏志清先生的介紹。[註21]

以下略述大陸以外的地區對「錢學」研究之評介：

（一）、蘇聯方面：

蘇聯漢學家索羅金（V. Sorokin）翻譯《圍城》為俄文，任俄羅斯科學院遠東研究所所長，1992年曾來台北漢學研究中心及中研院中國文哲研究所訪問，他另譯巴金《滅亡》、老舍《老牛破車》、郁達夫《沉淪》等小說，曾與錢先生在義大利漢學會議見面[註22]，從《圍城》

俄文本再版前言，可知索氏致力於中國現代文學的研究，並以《魯迅早期創作與思想》獲博士學位，並注意台灣文學作品，他曾與筆者談起吳濁流《無花果》及白先勇《台北人》等人的作品，亦有心研究。此外他亦致力於元雜劇的研究。長期與錢先生有書信往來，對於「錢學」有相當程度的貢獻。

（二）、德國方面

德國漢學家致力於「錢學」研究的，以Monika Motsch（錢先生譯為莫芝或莫妮克）[註23]，最有成就。她與Jerome Shih在1988年將《圍城》譯成德文本，*"Die umzingelte Festung"*，她撰寫「錢學」論文並已譯成中文的有：

1.　〈《管錐編》一座中國式的魔鏡〉《錢鍾書研究》第一輯

2.　〈中西靈犀一點通：錢鍾書的《管錐編》〉《錢鍾書研究》第二輯

3.　〈倩女離魂法---錢鍾書作為中西文化的牽線人〉《錢鍾書研究采輯》第一輯

4.　〈中文總結：管窺錐度杜甫〉《錢鍾書研究采輯》第二輯

另錢先生為莫芝的專書寫序，中文書名《〈管錐編〉與杜甫新解》[註24]*"Mit Bambusrohr und Ahle :von Qian Zhongshus Guanzhuibian zu einer Neubetrachtung Du-Fus"*，這部書是西方對《管錐編》有系統研究的第一部專書，她與錢先生有往來，對於錢先生有所批評，所以錢先生在序中說：

莫芝博士也許是西方第一個發現《管錐編》而寫成一系列研究文章的人。

對贊美，我當然喜歡，對毀罵，我也受得了。

莫芝在該書上編論述《管錐編》的方法及題材範圍，其中提出母題（Motiv）、文題、及宇宙觀三個範疇，這些論述皆是《管錐編》重要思惟表現，其中以母題最為重要。莫芝一開始便認定錢先生為比較文學家，全書皆是扣緊此論題全面發揮，不過論述仍然不足，其中在思想上的論證不多，雖然有宇宙論（Cosmology），但只就儒家與道家簡單表述，佛家並沒有提及。下編對杜甫詮釋，並沒有談論到《談藝錄》。此外，漢學家馬漢茂（Helmut Martin）亦有錢先生文章的翻譯。[註25]

（三）、美國方面

英語世界對於「錢學」研究，著作較多。最引人注目的是夏志清先生《中國現代小說史》（*A History of Modern Chinese Fiction*），夏先生在該書中有專章論述《圍城》，他認為「該書是中國近代文學中最有趣味和最用心經營的小說，可能亦是最偉大的一部」[註26]，就當時情勢，夏先生能討論《圍城》，實有先見之明，吾人以為不外是對知識份子的反思，當時中共清算一些作家，夏先生在海外有所聞，他針對《宋詩選註》序文有所指責，「假若編者無須在序言中奉毛澤東為文學權威，無須在書中加入這麼多描述宋代社會狀況的詩論，這本書會比較好的多。」[註27]夏先生那時當然不知道，這部書並非錢先生所能掌控，錢先生自己亦說：「這部選本不很好，由於種種緣因，我以為可選的詩往往不能選進去，而我以為不必選的詩倒選進去了。」又說「所以這本書的〈序〉和選目一仍其舊，作為當時氣候的原來物證——更確切地說，作為當時我自己盡可能適應氣候的原來物證。」[註28]另提及《人獸鬼》四篇小說及《管錐編》的出版，他在〈重會錢鍾書紀

實〉大大的贊譽此書，也給海外學人一個啟迪的作用，不過他撰寫時根本沒有看到原書，故記述是有錯誤的。[註29]

此外，有胡定邦（Dennis T. Hu）及胡志德（T. D. Huters）之博士論文[註30]，而胡志德之《錢鍾書》（Qian Zhong Shu）已有張晨等人[註31]，及張泉[註32]譯成中文，作者受教於劉若愚與葉嘉瑩兩位先生，對於《談藝錄》有所著墨，這部書算是西方研究錢先生第一部專著。《圍城》英譯本有Jeanne Kelley.及Mathan. K. Mao（茅國權）之譯本，書名Fortress Besieged。書前有茅國權之導言[註33]，忠實論述《圍城》的背景及錢先生之寫作技巧、分析透徹、面面俱到。錢先生在美國訪問記除夏志清的哥倫比亞大學訪問記外，另有水晶寫錢先生柏克萊加州大學訪問記錄〈侍錢拋書雜記〉[註34]亦值得一提。水晶對於錢學研究具有相當大的興趣，連他的博士論文寫的是《肉蒲團》亦搬上台面與錢先生比劃，水晶發問的問題，均見錢先生幽默睿智回應，難怪水晶佩服的説他是拜錢的Devotees（皈依者）。在史丹福大學演講，錢先生有沒有指責馮友蘭的公案，只有當年為文的莊因最清楚了，這些公案如同錢先生有沒有説「吳宓太笨」一樣，事隔久遠難加以考證。[註35]

（四）、日本方面

日本漢學界最先注意錢先生的可能是小川環樹[註36]，他評述錢先生之《宋詩選注》寫了書評，亦由於這篇書評，終止批評錢先生的人大張旗鼓，當時此書被列為「白專道路」之樣品。[註37]白專相對於紅專即為資產階級反動學術權威的代號，錢先生免遭圍攻，所以他在重印《宋詩選注》序説保其原序，「作為當時氣候的原來物證」可見他的用心，給歷史還一個清白。荒井健以為錢先生在1975年過世，便將

《圍城》譯成日文，以便紀念他，在《飆風》發表，連譯了五章。[註38]這份刊物刊載了中國古典文學及中國現代文學之論文及翻譯，荒井健與他的學生中島長文合作譯完《圍城》，1988年岩波書店出版，譯名為《結婚進行曲》，錢先生對荒井健之美意是感動欣喜，因荒井健以為他的死訊而譯此書，錢先生說「在我故鄉舊日有個迷信，錯報某人死了，反而使他延年益壽。」[註39]另外，《飆風》亦刊載中島長文譯楊絳〈錢鍾書與圍城〉及《談藝錄》為日譯本。此外，日本宋代詩文研究會譯《宋詩選注》刊於《橄欖》第1期至第4期（1988-1981）、內山精也譯《宋詩選注》之序文，這些皆展現日本漢學界對於「錢學」的熱衷，同時給予很高評價與肯定。內山精也亦與錢先生對話過，都能看出日本漢學界對於錢先生的信服。[註40]錢先生在日本訪問時在早稻田大學有演講稿〈詩可以怨〉，收入《七綴集》，在京都大學見孔芳卿〈錢鍾書京都座談記〉，在愛知大學有演講稿

《宋詩選注》日譯本刊登
於《橄欖》書影

《圍城》荒井健日譯本刊登於
《飆風》書影

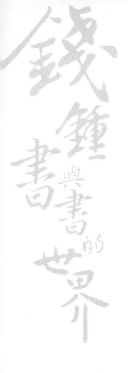

〈我對文學現狀的一點感想〉及王水照〈〈對話〉的餘思〉一文。[註41]

（五）、香港方面

香港對於「錢學」研究，在1976年麥炳坤即以《錢鍾書的散文和小説》為題得碩士學位，[註42]其指導教授余光中相當推崇，又林以亮（宋淇）備讚有加。對於錢先生研究時加以推崇及往來的有黃維樑、潘耀明（彥火）、黎活仁、馬力、黃國彬，-------等人。黃維樑與錢先生有長期往來，他分別在1984年及1994年造訪北京三里河錢宅，[註43]黃先生受錢先生的影響甚深，在打通中西文學方法與態度上也接受錢先生的教導，對於學者式散文亦有所體會。《聯合文學》之錢鍾書專輯便是黃先生精心所策劃，同時他對於「錢學」研究，時有精彩論文出現，如〈與錢鍾書論比喻----《管錐編》管窺〉、〈徐才叔夫人的婚外情---讀錢鍾書的〈紀念〉〉、〈文化的吃錢鍾書〈圍城〉中的一頓飯〉等。宋淇與錢鍾書、張愛玲是極為熟識的朋友，甚愛談錢鍾書與吳興華，

黃維樑在錢鍾書紀念館

「宋淇和五四以來幾位極著名的文人如錢鍾書、傅雷等都是密友。」註44不過，我們只能欣賞他的紅學及翻譯的論著，卻未見有「錢學」的著作，在上海法租界時，宋淇與錢先生時有往來，他說：「那時候錢也隱居於法租界內，在法國天主教會主辦的震旦女子文理學院擔任幾小時的課程，我每星期總要和他長談一次。」註45此外，黃國彬亦是個淵博之士，懂「法文、德文、西班牙文、義大利文不是玩票，真是能說、能寫、能讀、能聽的。」他那一篇〈在七度空間消遙-----錢鍾書談藝〉註46認為錢先生是在七度空間逍遙的人，可見對於外文掌握的重要，歌德曾說：「對於不懂外國語的人，對於本國語言是會一無所知。」這種互動關係是可以理解的。研究徐志摩的梁錫華亦有論文如〈當時年少春衫薄---錢鍾書先生的少作〉註47，現為《明報月刊》總編輯潘耀明（彥火）與錢先生亦常往來，其「錢學」相關文章，如〈錢鍾書小說創作與文學評論〉、〈錢鍾書訪問記〉等。其訪問記

錢穆《國學概論》序
由錢鍾書代筆（一）

錢穆《國學概論》序
由錢鍾書代筆（二）

相當珍貴，錢先生在〈模糊的銅鏡〉一文便直接引用彥火的話「我省力偷懶，就抄襲他寫的文字罷，因為他的也充得是我的，而我的何妨原是他的。」註48潘先生訪談了大陸作家四十三人，寫了《當代大陸作家風貌》對於三十年代作家風采，提供了第一手資料。他採訪錢先生是在他出國訪問之後，紀錄稿透露了許多線索如他的《管錐編》另再有評論《全唐文》、《杜甫詩》、《韓愈全集》等五部書，這些蛛絲馬跡極為珍貴。黎活仁與馬力編有〈有關錢先生一些資料〉，註49黎先生於錢先生過世後的追憶文章，談及其尊人錢子泉署名為錢賓四《國學概論》寫序，實為錢先生自己捉刀，錢先生在信上說「商務印書館出版之《國學概論》或《清儒學術思想》之類一書，有先君所作序，實為弟費半日之力代筆，中引少陵『吾宗老孫子』之句，天壤間當有尚存此書，可以覆檢。」註50這便可檢證歷來錢先生為其父捉刀為文之公案。

錢穆《國學概論》序
由錢鍾書代筆（三）

（六）、台灣方面

　　「錢學」在臺灣的研究始於鄒文海那一篇回憶文章[註51]，鄒文海與錢先生是同學又是同事，所述的生活軼事應皆屬實，錢先生喜歡讀字典，鄒文海說字典是他旅途中的良伴，楊絳亦說：「我和鍾書有時住在父親那邊，父親忽發現鍾書讀字典，大樂。」[註52]，又述他們一道去寶慶藍田師範學院，情景與《圍城》中三閭大學的情景相似。這些可做為考證《圍城》的旁證。其次是秦賢次，秦先生是中國現代文學研究者，收集的三十年代文獻史料令人敬佩[註53]，整理過無數學人的文獻資料，他為錢先生寫第一篇介紹文章〈錢鍾書這個人〉，這一篇文章就他當時掌握材料撰寫而成，描繪到1958年前，當然已將錢先生重要事蹟陳述出來，由於當時是戒嚴時期，無法充分發揮。出版「錢學」研究專著的是周錦，他致力於中國現代文學研究，所著《〈圍城〉研究》[註54]亦早聞名，周先生評論此書採用段落分析、層層解剖、分八章節討論，議題涉及人物、比喻、技巧、俗語等方面。不過外界對於此書的評價不高。譬如他在題記說：「《圍城》不是頂好的長篇小說。」又在前言說「《圍城》是一本好小說。」前後矛盾，作者並沒有發現。解嚴之前，討論「錢學」只在於回憶或《圍城》兩個議題。直到《聯合文學》由黃維樑製作「錢鍾書專輯」，此專輯曾經錢先生同意，等於「錢學」研究，首次在台灣正式展開。其中收有黃慶萱〈從《易》一名三義說到模稜語〉，此文分析《易》之一名有三義，簡易、變易、不易，並簡要論析模稜語（ambiguity）在易學上的產生。另陳子善編〈錢鍾書佚文繫年〉及黃維樑之〈評論、介紹、訪問錢鍾書資料目錄初編〉皆為重要的文獻材料。讓讀者按圖索驥，

極為珍貴。此外，杜松柏〈錢鍾書《宋詩選注》之評論〉杜先生評論《宋詩選注》就選詩之準則、全書體例，提出批評，對於錢先生的政治取向有所指責，懷疑他的政治動機，全是當時的政治氣候所造成的。[註55]趙制陽〈談錢鍾書先生《毛詩正義》〉系列文章，評論《管錐編》論《詩經》篇章中的問題及對「興」的解說，是近來研究「錢學」較深入的論文。[註56]馬森就他訪問錢先生夫婦寫了〈失落的繆斯---楊絳與他的戲劇作品〉；姜穆〈錢鍾書以默獲存〉；鈕先銘〈記錢鍾書夫婦〉、〈錢鍾書其人其事〉，均分別談論錢先生的人品與著作，均有參考之價值。筆者自1990年以來始注意「錢學」，亦著手編輯〈錢鍾書研究書目〉[註57]及撰寫相關文章，這個書目花了不少時間，平時閱讀及訪查資料中，遇有於錢先生相關材料即著錄，或相識學人請教他們與錢先生的往來紀錄。皆見該〈書目〉之前言。此外在偶然機緣下，見錢先生給蘇正隆的信，說「台灣為弟舊遊之地，嘗寓草山一月。」[註58]筆者為探尋錢先生來臺之事，從《槐聚詩存》1948年〈草山賓館作〉及〈贈喬大壯先生〉二首詩更確證錢先生來臺訪問，皆見拙文〈錢鍾書在臺灣〉[註59]這些皆是筆者對於「錢學」所做一些嘗試性的工作。另東吳大學許佩馨之碩士論文《錢鍾書小說〈圍城〉與〈人獸鬼〉研究》，台灣大學潘少瑜之碩士論文《錢鍾書詩論研究》及成功大學中文所亦有人進行《談藝錄》討論的論文，皆顯示本地對「錢學」研究，逐漸熱絡起來。

四、「錢學」研究在大陸地區研究成果之評介

　　1949年之後，海峽兩岸分隔，加上台灣戒嚴，對於錢先生一切活

動，沒有任何音訊。在1975年還謠傳他已過世，引起夏志清寫了〈追念錢鍾書先生兼談中國古典文學研究之新趨向〉[註60]日本荒井健乃在《圍城》日譯本提及紀念錢先生，錢先生為日譯本做序說：「1975年左右，國外流傳著我的死訊，荒井先生動手譯《圍城》，寓有悼念深情。」[註61]大陸在四九年後，許多作家均不能自由創作，以致許多人紛紛改行，沈從文改研究中國服飾、寫〈寶馬〉的孫毓堂潛心經濟史研究[註62]，而錢先生丟了《百合心》未完稿，也就放棄一切創作，專心於《宋詩選注》的工作。近來夏志清認為「《百合心》原稿一共幾萬字，它是否遷京前就給扔掉？只有楊絳才知道答案。在我看來，錢氏夫婦皆心細如髮，誤扔尚未完成之手稿簡直是不可能的事。」[註63]由於「文化大革命」的妖孽作祟，造成幾億人口過著不愉快的生活，這在錢先生說來也是一場極為悲痛的回憶，這一場殘絕人寰的悲劇，[註64]在研究「錢學」上無疑是一個重要的思考方向，假若不能對於此段歷史背景有所瞭解，從歷史透視（Historical Perspective）角度看來，那麼錢先生的《管錐編》又何能探索其內心深處，大陸研究「錢學」的人極少願意討論這一層因素。莫芝（Monika Motsch）已提出這個認識，他說：「有關文革的影射，一件文學作品和現實形勢有無關聯，讀者最好下判斷，中國文人借古諷今，傳統有之。」及胡范鑄也提出，他說：「讀《宋詩選注》，不會察覺不到知識份子思想改造運動與反右運動的痕跡及其反搏；讀《管錐編》又不會感受不到文革的風雲與對文革的思考。」[註65]可見這前提若不能確切的研究，很難理解《管錐編》之內涵。

　　以下將大陸地區「錢學」研究成果所做的評介。

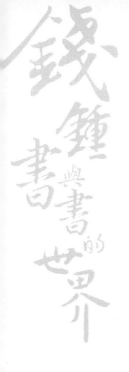

《圍城》封面英國印象派畫家
錫克特設計

錢先生膾炙人口的著作應是《圍城》，此書寫於孤島上海時期，1944年動筆，1946年完成。原載《文藝復興》[註66]，直到1947年上海晨光出版社才出單行本。故事描繪學人的學校及家庭生活，也是現代儒林外史另一章。夏志清稱譽「中國近代文學中最有趣味和最用心經營的小說。」故事引用法國人一句話「不說是鳥籠，說是被圍困的城堡Forteresse assiegee，城外的人想衝進去，城裡的人想出來。」亦即「英國古話，說結婚彷彿金漆的鳥籠，籠子外面的鳥想往進去，籠內的鳥想飛出來，所以結而離，離而結，沒有了局。」這個比喻表象是指男女愛情憧憬渴望及愛情破壞分離，這對比在故事結構上描繪相當精彩。如同楊絳在《圍城》改拍電視劇的片頭說：「圍在城裡的想逃出來，城外的人想衝進去。對婚姻也罷，職業也罷，人生的願望大都如此。」不過錢先生在撰述這一部小說的序中說：「這本書整整寫了兩年，兩年裡憂世傷生，屢想中止，---以錙銖積累地寫完。」

可見他背後的心酸。讀者常常對號入座，指名情節的人物是誰，如主角方鴻漸是錢鍾書本人的猜測。在小說情節是描繪抗戰時期，如三閭大學是否為西南聯大的爭論，[註67]從鄒文海的回憶裡提及錢先生在1939年11月去寶慶藍田師範學院，作者所說情景與小說雷同。但楊絳在〈錢鍾書與《圍城》〉一文中明白的說：

> 我自己覺得年紀老了，有些事，除了我們倆，沒有別人知道。我要乘我們夫婦都健在，一一記下。如有錯誤，他可以指出，我可以改正。《圍城》裡寫的全是捏造，我所記的卻全是事實。

這樣表白或許不容許再有人猜測，不過《圍城》中對於知識份子醜陋嘴臉，為何有如此栩栩如生的描繪，他為何要離開西南聯大？《圍城》深層結構中所表達的意義是什麼？他要抗議的是什麼？他所埋怨又是什麼？近來《吳宓日記》已出版，我們可以從中探究出來。以下是《吳宓日記》的引述：

> 上午，讀寧（李賦寧）所記錢鍾書Contemporary Novel講義完，甚佩。（1939年9月29日）[註68]

> 讀寧所記錢鍾書Renaissance Literature講義完，並甚佩服，而惜錢君今年之改就師範學院教職也。（1939年10月4日）

而愛才的吳宓認為錢先生應當留在西南聯大，陳寅恪以為「不可強合，合反不如離。謂錢鍾書也。」[註69]但吳宓仍然在一次陳福田宴客時提及錢先生回來教書，「F.F.（指陳福田）請便宴，-----而席間議鍾書回校任教，忌之者明示反對，但卒通過。」[註70]或許我們以為錢先生人在西南聯大由於才識甚高，遭人嫉妒，造成彼此不愉快，便憤然辭職。[註71]

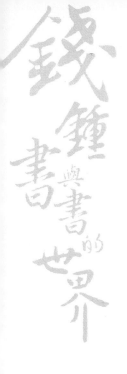

錢鍾書題名《談藝錄》

《圍城》在大陸一直到1980年才再重印，當然研究的人才逐漸展開。依筆者編輯〈錢鍾書研究書目〉統計計有400多篇有關《圍城》研究的論文。其中楊芝明〈《圍城》十年研究綜述〉註72這一篇文章解析大陸在《圍城》研究的論題，如主題意涵、人物的形象、藝術成就皆有所討論。解志熙以為錢先生受存在主義的影響，故說：「錢鍾書的《圍城》與卡夫卡的《城堡》、沙特的《嘔心》及加繆的《局外人》等存在主義的經典作品極為相近。」註73存在主義（Existentialism）乃對於人性存在的問題的討論。海德格說：「人生下來便邁向死亡。」可是這並非消極，反而是積極的反省。卡繆的西西佛斯神話（The Myth of Sisphyus），他受神的懲罰，將巨石推上山頂，可是經過百般的挑戰，但仍然滑下來，他始終要克服，將石頭推向山頂。這故事雖荒謬，不過當人存在荒謬時空中更要克服的，便是要有西西佛斯的堅定意志。錢先生受存在主義影響或許會有，不過故事情境往往很

難說與每個思想學派有關連。有專著討論《圍城》的有張明亮《槐蔭下的幻境---論〈圍城〉的敘事和虛構》，此書是作者多年來對於《圍城》研究的結集。另陸文虎《圍城內外----錢鍾書的文學世界》亦以《圍城》為討論對象。[註74]《圍城》受廣大的讀者的喜愛，達到高潮階段乃拍成連續劇，黃蜀芹導演，孫飛雄改編，拍攝過程經錢先生的首肯，不過撰文討論者參差不齊，孫琼有〈關於電視劇《圍城》的評論綜述〉[註75]錢先生說「報紙上得見所言都失實，記者強不知以為知，不足計較也。」有兆明者，狗尾續貂寫了《圍城之後—圍城續集》及胥智芬作《圍城校本》[註76]都引起錢先生的不高興，以致打起官司。這一件事又見錢先生耿介的一面。

《寫在人生邊上》是錢先生一部精簡的散文集，1983年福建人民出版社曾印過，收入《上海抗戰時期文學叢書》第二輯，另外，《人獸鬼》收入第一輯中。原本錢先生不同意再印行，經柯靈的說明，直到1990年他八十壽誕，才又同意出版《寫在人生邊上》這一本小書。錢先生文筆犀利帶以嘲諷、刻劃人生百態、怒罵眾生，〈談教訓〉文中「假道學也就是美容的藝術」，讀者往往從中會心一笑，看盡他文筆的悠遊、戲嘲。他說：「人生據說是一部大書」就是至理之言。研究者如吳福輝、馬光裕等人。[註77]

《談藝錄》的初稿本是錢先生在離開西南聯大到湖南藍田師範（1939—1941）的兩年內完成，1948年6月由上海開明書店出版。從序中可知他寫作時的心情，錢先生說：

《談藝錄》一卷，雖賞析之作，而實憂患之書也。----予待親率眷，兵罅偷生。如危幕之燕巢，同枯槐之蟻聚。

此序寫於1942年，正值對日抗戰，國事蜩螗，兵荒馬亂之際，所以纔說「憂患之書」，錢先生這種憂患意識也必然在書中有所反應，研究時固不能等閒視之，甚或視而不見。

《談藝錄》出版三十五年後的1983年，錢先生再度為《談藝錄》作補訂，其後又有補正。補訂表示錢先生這三十五年來在心境與文學思想上的變化，他在引言中感慨的說：

三十五年間，人物浪淘，著述薪積。何意陳編，未遭棄置，切磋拂拭，猶仰故人。

顯然錢先生對三十五年來學界的研究成果，並不十分滿意。同時也表示他在研究上已經有變化，對自己的陳編也不十分滿意，因此纔要重新補訂，這個新舊版本間的不同，正是可以考察錢先生文學思想前後變化的不同。錢先生的憂患之書，和前後版本內容差異，對瞭解錢先生人格及文學思想具有相當重要的意義。

重印版的序記於1948年4月15日，那一段序與原版序文不同。這篇序文有可能在台灣完成的，因為錢先生是在1948年3月18日抵達基隆的，而居台北月餘，但後來研讀《鄭振鐸日記》，其中在4月9日記已記載這個訪問團已回到上海。該書又為何原序序文要刪除其中的內容，這些皆有待去釐清。

目前對於《談藝錄》之研究當推周振甫及冀勤合著《錢鍾書〈談藝錄〉讀本》，[註78]這部書臚列七個論題，分別加以闡析。周先生是《談藝錄》及《管錐編》二書標立目次者，故對於全書旨趣及結構是瞭若指掌，故可說是理解《談藝錄》一部入門書。其次如何開四《碧海擎鯨錄——錢鍾書美學思想的歷史演進》、陳子謙《錢學論》皆是目前討論此書

的佼佼者，加上陸文虎編有《談藝錄索引》在研究上已有了成果。註79

　　《宋詩選注》是1958年出版，當時錢先生受人批判為「白專道路」的「資產階級文學研究」代表作，該選的詩不能選，不能選的，反而選進去。當然他不滿意，倒是胡適之先生認為註釋相當好。註80這部書是錢先生花費二年心力挑選的，所惜並非他心願完成的書。

　　《七綴集》分別是《舊文四篇》及《也是集》計七篇文章的合集，其中〈中國詩與中國畫〉此文表達錢先生對於中國傳統詩畫觀的不同看法。錢先生「只闡明中國傳統批評對於詩和畫的比較估價」，故有「詩和畫號稱姊妹藝術」，在郭熙《林泉高致》亦說：「詩是無形畫，畫是無形詩。」把詩畫當成一律，但萊辛（Lessing）他在《拉奧孔》（Laokoon）便反對詩畫為姐妹，而是「絕不爭風吃醋的姊妹」註81討論這類文章不多，如何開四〈錢鍾書詩畫論〉、李志堅〈錢鍾書對中國書畫史論的貢獻〉、李廷華〈錢鍾書論書札記〉、〈老坡意趣此中勘---讀錢鍾書先生書法〉，此外，另可以引申對錢先生在書法上的臨習研究，以便瞭解他對於中國傳統書畫的內涵。從他畫押式的簽名及行草的筆觸，對於他的書法另眼看待。吳忠匡曾提到「他閱碑帖，臨寫草書、楷書的師法即模仿近人張裕釗等，算不得高古，後來好像學過蘇、褚、二王的字，不過都不下功夫，隨便臨摹成不了氣候。」錢先生的書法受二王的影響是很容易辨識的。註82〈林紓的翻譯〉此文表達錢先生對於翻譯的看法，他認為「文學翻譯的最高理想可以說是化，把作品從一國文字轉變另一國文字，既能不因語文習慣的差異而露出不生硬牽強的痕跡，又能完全保存原作的風味，那就算得入於化境。」註83「化」做為錢先生對翻譯最高標準及藝術，這一篇文章向

來亦作為翻譯工作者的指導論著。他身為《毛澤東詩詞》及《毛澤東選集》英譯本的定本者，據說毛澤東〈延安文藝座談會講話〉一文英譯，便是出自他的手筆。[註84]此外，他與楊絳等人另譯《外國理論家作家論形象思維》這本書甚少人注意，有錢先生的譯文。[註85]可見翻譯一事，在他學術生命中是重要的一環。討論者如羅新璋〈錢鍾書譯藝談〉，此文蒐羅闡析錢先生對於翻譯的看法，詳盡完備。[註86]

《管錐編》的完成如同司馬遷所説：

> 蓋文王拘而演《周易》，仲尼厄而作春秋，屈原放逐，乃賦《離騷》，-------大抵聖賢發憤之所為作也。

錢先生這一部著作是在極艱難處境下完成的，其面臨的情境或可用司馬遷所述的境域來比擬。想見他被規為「資產階級反動學術權威」批鬥時，其憂心忡忡的心情是可想而知的。顧潮引述其父親顧頡剛描繪當年被批鬥時歷歷在目的情形「8月27日學部召開大會，所屬各所之戴高帽者七八十人均集中在此聽批判，父親看到翁獨建、錢鍾書、陸志韋等在內。」[註87]又在五七幹校勞動時，張炯回憶説：「他（指錢先生）負責看管農具等活計，別人都不敢或沒有勁頭在學習文化知識，錢先生則不然，他訂一份西德共產黨出版的《紅旗報》，每天的繁重勞動後，經常坐在一隻小馬扎上，仔細閱讀這份德文報紙。」[註88]可見他仍孜孜不倦的補充新知識。而這部用文言文完成的鉅作，他別有用意。柯靈曾問他，他説：「因為都是在難以保存的時代寫的，並且也藉此測驗舊文體有多少彈性可以容納新思想。」[註89]柯靈並説此二句話有「慷慨悲涼弦外之音」，這是他的匠心別具之作，在那時氣候下，他用文言文來抒發內心愁境，用古典文言文調侃時局人，在明眼人眼

中已嗅出味道，時下那些將「麵」當「面」的人，何能去瞭解他的心府。李慎之說：「因此，1979年我看完四卷《管錐編》後，就去向他祝賀，特別欽佩他自說自話，無一趨時語，一個字都沒有理睬三十年來統治全中國的意識形態。他只淡淡一笑，搖搖手說『天機不可洩漏』。」[註90]這就是《管錐編》一直吸引人去研究的地方。他所謂「打通」理論乃別於別人常說他使用比較文學的方式，他以為在中西文學描寫手法上有一條規律乃「在日常經驗裏視覺、聽覺、嗅覺、味覺，往往可以彼此打通或交通。」[註91]使詩心、文心互能融會貫通。錢先生並沒有提倡過比較文學，而只有應用過比較文學之一些方法。此書引起比較文學廣泛討論。[註92]關於比較文學的討論，當事人錢先生自己就說：

即將出版的一部不中繩墨拙著共四厚本（按指《管錐編》）並不能歸在比較文學一類，否則會名實不符。不過究屬何類並無關宏旨。[註93]

又他為《中國比較文學年鑑》一書的寄語說：

在某一意義上，一切事物都是可以引合而相與比較的；在另一意義上，每一件事物都是個別而無可比擬。[註94]

又給鄭朝宗的信說到《管錐編》：「弟之方法並非比較文學，而要求打通。以中國文學與外國文學打通，--------」[註95]以上三段話皆出自錢先生，可見一般將他著作列為「比較文學」之行列，他是不願意。只是用「打通」一詞來說明他的方法。1980年廈門大學鄭朝宗開設了《管錐編》研究課程，指導四位碩士生完成了論文，編輯了《〈管錐編〉研究論集》，這是針對《管錐編》研究的第一部著作。[註96]

《管錐編》討論十部書，含括經、史、子、集，體系龐大，時有

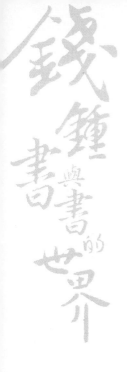

QIAN ZHONG SHU STUDIES

《錢鍾書研究采輯》書影

獨見，融會中西思想，涉及文學、哲學、歷史、心理學、政治學等學科，通盤比較、打通。此書另有討論全唐文、杜甫詩、韓愈詩等幾部書，到目前並未出版。[註97]錢先生在討論《管錐編》時所引用的文字有多種，憑他的博學睿智，發出智慧的火光，文中也有不少憂世傷生的感傷情懷。文革潛伏的精心之作，他似乎在暗喻時代的愚笨及對「神」崇拜無知。「走向世界」是他汲汲所求，他為鍾叔河《走向世界----近代知識份子考察西方的歷史》所作的序說：「中國走向世界，也可以說是世界走向中國。」[註98]可見他的心思在於希望封閉中國，當急快邁出腳步，向外發展。晚清以來諸多知識份子無不關心中國如何強盛，錢先生所關心便是在此，最近出版由錢先生掛名主編的《近代中國學術名著精選叢書》又見一例證。[註99]

目前對於《管錐編》做全面性討論的專著，計有以下五部書：

1. 蔡田明《〈管錐編〉述說》 中國友誼出版社 1991年4月

2. 陳子謙《錢學論》 四川文藝出版社 1992年8月

3. 臧克和《語象論》 貴州教育出版社 1992年9月

4. 臧克和《錢鍾書與中國文化精神》百花文藝出版社 1993年5月

5. 莫芝《〈管錐編〉與杜甫新解》 河北教育出版社 1998年1月

蔡田明的書是他多年研讀《管錐編》的筆記，依原文逐步解析，贏得周振甫的青睞為他寫序。作者熟讀《管錐編》從札記中提煉出精華，從中歸納註解全書的旨趣，勾勒出《管錐編》的全貌，使讀者更清楚深入涵詠全書。陳子謙該書乃碩士論文的擴充，此著是鄭朝宗所指導，敏澤也有所稱許，是一部紮實的著作。全書計分品格論、情境論、比喻論、方法論等四部分進行銓釋。臧克和二書就文字及語言角度探索《管錐編》用傳統訓詁方法來解析及評述。莫芝該書是西方學界第一本評述《管錐編》專著。錢先生為此書寫序，莫芝討論比較文學問題及天人合一觀及宇宙觀，皆有精譬之見。

以上所述是大陸研究「錢學」成果評介。不過，錢先生著作精深難懂，涉及層面又廣，所以在「錢學」的研究有待努力。故胡河清以為「錢學」的研究者缺乏嚴謹性、精確性、系統性及科學性。[註100]這幾年致力於「錢學」研究的刊物及著作另有以下幾種：

1. 《錢鍾書研究》文化藝術出版社。已出版三輯。

2. 陸文虎編《錢鍾書研究采輯》 北京三聯書店，已出版二輯。

這兩種刊物討論「錢學」水平較高，亦獲得錢先生默許。目前並沒有再出版的消息，研究「錢學」者或多或少，在這兩份刊物中，認識到研究者的用心及投入。

3. 胡范鑄《錢鍾書學術思想研究》 華東師範大學出版 1993年5

月

　胡范鑄研究「錢學」甚深，發表「錢學」單篇論文甚多，此書是單篇論文結集而成。論述的角度區分有喻象論、文體論、風格論等主題評述錢先生思想，及觀念方法，在「錢學」研究上給予多樣式思考空間。

　4. 范旭侖 牟曉明《記錢鍾書先生》 大連出版社　1995年11月

　5. 范旭侖 李洪岩《錢鍾書評論》 社會科學出版社　1996年11月

　此二書評價不一，甚至遭到停銷之命運，但皆出於對「錢學」熱心的推動，此二書內容皆是與錢先生有往來學者的回憶性文章，增加讀者對錢先生進一步的認識。范旭侖為文不用本名，常用白克明、趙玉山、范明輝等筆名，他就是不願「借錢鍾書大撈書中錢」。多年來大力推動「錢學」廣受學術界注意。

　6. 河北教育出版社出版《錢鍾書研究叢書》目前已出版二輯六冊分別如下：

　胡河清《真精神與舊途徑—錢鍾書的人文思想》　1995年5月

　李洪岩《智者的心路歷程—錢鍾書的生平與學術》1995年5月

　李洪岩 辛廣偉《撩動繆斯之魂—錢鍾書的文學世界》1995年5月

　張明亮《槐蔭下的幻想—論〈圍城〉的敘事與虛構》1997年7月

　王衛平《東方睿智學人—錢鍾書的獨特個行與魅力》1997年5月

　莫芝《〈管錐編〉與杜甫新解》1998年1月

　以上論著可窺見「錢學」研究者的努力，胡河清英年早世，致力於「錢學」研究，在錢谷融的指導下取得博士學位，該書乃博士論文修改而成。[註101]李洪岩另著《錢鍾書與近代學人》[註102]他與范旭侖二人

全力推展「錢學」，不過他遭人指責，才大氣粗，[註103]不夠沉潛。錢先生每每鼓勵年輕學人不必追逐名利多充實思想、多層次、多方位去思考。這種苦口婆心正是研究者做為借鑑的。錢先生一生沉潛書海，正是如此功夫，不全是他天才，有照相機式的記憶。他和鄭土生的談話中，談及他們為學之道，引了明人余繼登《典故紀聞》卷四說：

> 「每旦，星存而出，日落而休，慮患防危，如履淵冰，苟非有疾，不敢怠墮。以此自持，猶恐不及。」我們是日入而不休，夜以繼日，年年如此，兢兢業業，不以為苦，反以為樂，日積月累，才有今天的一點點收獲。[註104]

他又將做學問的人比喻為轉磨之驢，他巧妙的比喻，頗具傳神。[註105]

> 匹似轉磨之驢，忽爾頓足不進，引吭長鳴，稍抒其氣，旋復帖耳踏陳跡也。

關於錢鍾書傳記，他自己是「敬謝不敏」，他說：「回憶是最靠不住的，一個人在創作時的想像往往貧薄可憐，到回憶時，他的想像力常常豐富離奇得驚人。」這正是他不汲汲寫回憶錄的原因。市坊間到是有幾部錢先生傳記：

1. 愛默《錢鍾書傳稿》　百花文藝出版社　1992年4月
2. 孔慶茂《錢鍾書傳》　江蘇文藝出版社　1992年4月
3. 張文江《錢鍾書傳》　業強出版社　1993年6月
4. 李洪岩《智者的心路歷程》　河北教育出版社　1995年5月
5. 孔慶茂《錢鍾書與楊絳》　海南國際新聞出版中心　1997年3月
6. 王吟鳳《走出魔鏡錢鍾書》　金城出版社　1999年1月

這幾部傳記均以錢先生著作為討論主軸並依序譜寫而成。利用材料各

有千秋，不過有的材料皆有待考證，如孔慶茂引用莊因的文章〈錢鍾書印象記〉及關於〈錢鍾書印象〉的補充[註106]，這兩篇文章提到錢先生在1979年訪史丹福大學時座談會中，對馮友蘭有不敬的話，這引起馮友蘭女兒宗璞的抗議並質問楊絳，兩人為此事，弄得很不愉快。不過仍有可取之文獻資料，如追述錢先生之家世，這對於江蘇無錫錢家的族譜及家世研究有其貢獻。[註107]

五、「錢學」研究的展望

中國現代學術思想史上，錢鍾書有其舉足輕重的地位，當我們回顧過去研究「錢學」的學人，主要著重在主人身上。但在文獻材料上，楊絳是不可缺的。楊絳先生（1911--）是著名翻譯家、文學評論家，劇作家，為錢先生夫人，一生與錢先生相隨，伉儷情深，尤其錢先生臥病在床皆由楊先生細心照顧。膾炙人口的譯作如《唐吉訶德》、《小癩子》，劇作如《弄真成假》、《風絮》，小說如《洗澡》、論文集如《春泥集》等，其中與錢先生相關的回憶錄，如《幹校六記》、《將飲茶》〈記錢鍾書與《圍城》〉諸種。《幹校六記》是第一手資料，記述他們在五七幹校的生活情形，活生生的記述，可以說是傷痕文學的作品，錢先生在五七幹校的生活事蹟，他是負責燒鍋爐的水，楊絳在文中說：[註108]

錢先生和丁××兩位一級研究員半天燒不開一鍋爐水，我代他們辯護，鍋爐設在露天，大風大雪中，燒開一鍋爐水不是容易。

這段故事，據董乃斌先生告知，事情應是每當鍋爐的水燒開後便有人取用，錢先生為了怕後面的人來取用又不足時，故又加了冷水，

以致後來取用的人，說燒不開一鍋爐水，故給錢先生一個外號「錢不開」[註109]。像類似的故事或許還很多，如今錢先生已過世，希望有更多的軼事，能寫出來為世人所知，以進一步瞭解錢先生的人格。楊先生〈錢鍾書與《圍城》〉明白表示《圍城》並非自傳式的小說，讀者勿對號入座，「《圍城》裏寫的是捏造，我所說的卻全是事實。」另〈丙午丁未紀事〉亦是重要文獻材料，他們被歸為「資產階級學術權威」，楊先生被剃成「陰陽頭」又「坐飛機」又「遊街」的「牛鬼蛇神」，她力護《唐吉訶德》譯稿，諸多傷心往事，更顯當年他們生活的困苦，諸多紀事皆出於楊先生的手筆，忠實紀錄他們夫婦往事，亦提供研究「錢學」第一手資料，這是不可忽視的。

「錢學」研究的熱潮仍會持續下去，不會因時間、空間的轉移有所變化。阮元曾說過：「學術盛衰，當於百年前後論升降焉。」前已提到「錢學」被外界認為沒有成系統的學問，這一點只要深入研究者便可瞭解其中的堂奧。任何一種學說當然有其體系及其獨特性，錢先生駕馭多種語言游刃其中，發揮他的文心及詩心，表述他自己對於傳統古籍的奇特見解，這種貫穿古今中外的思惟，表現智者敏銳的觀察及智慧。我們或許可引用韋勒克（Rene Wellek）贊賞奧爾巴哈（Erich Auerbach）那本精彩絕倫文學批評著作《模擬》（*Mimesis*）的話來說明錢先生之著作，「本書乃是語言學，文體學，思想史與社會學精細學問與藝術格調，以及歷史想像與當代意識等至為成功的結合。」[註110]引述此段話無非說明「錢學」涉及範圍，打通一切學科的學問。錢先生借中國傳統經典無論是經、史、子、集，都想用打通的方式，去闡釋他的「文化學」的思惟。這樣的取徑是他個人對於學術思惟的一大

貢獻。也是表現他個人學思的創舉。劉大櫆在《論文偶記》説：「文字只求百世後一人兩人知得，不求並時之人人知得。」這種學思又何必急求他人的瞭解。筆者向來以為「錢學」之研究可做為東西交通重要的指標，無論中國人或外國人都可以借他的著作《管錐編》或《談藝錄》的架構去體會中國傳統學問的深奧及典雅。以上之回顧與及評介，是筆者這些年的觀察，同時認為「錢學」研究上仍有許多努力的地方，以下幾點是筆者就目前「錢學」研究在方法與內容所做的反思及探索：

1.「錢學」在文學研究方法上是否就是「比較文學」的方法？ 錢先生強調自己的方法是「打通」並非是「比較文學」。我們嘗試引用以下三種對「比較文學」的定義。

（1）雷馬克（H. H. Remak）的定義：註111

比較文學是超出一國範圍之外文學研究，並且研究文學與其知識信仰領域之間的關係，包括藝術（如繪畫、雕刻、建築、音樂）、哲學、歷史、社會科學（如政治、經濟、社會學）、自然科學、宗教等等。簡言之，比較文學是一國文學與另一國文學或多國文學的比較，是文學與人類其他表現領域的比較。

（2）布呂奈爾（P. Brunel）的定義：註112

比較文學是從歷史、批評和哲學的角度，對不同語言間或不同文化間的文學現象進行的分析性描述、條理性和區別性對比和綜合性說明，目的是為了更好地理解作為人類精神的特殊功能的文學。

（3）李達三（John J. Deeney）的定義： 註113

比較文學是研究兩國或兩國以上的文學，以及文學與其他知

識領域的研究。所謂其他知識，乃廣指藝術（繪畫、雕塑、建築、音樂）、哲學、歷史、社會科學（如政治學、經濟學、及社會學）、自然科學、宗教等。

假若我們用以上三種「比較文學」的定義來檢驗錢先生著作是否應將錢先生研究方法，等同上述三種對「比較文學」之定義？前雖已談論過錢先生反對自己的方法是「比較文學」的說法。因此，他使用「打通」來說明他在方法上的別出心裁，他是不想使用時下的「比較文學」的字眼，或許是他自己想突出對於文學、思想及各領域的學科的獨到見解，更顯示出他在方法上的獨特性及對於中西文化的打通、融貫有所展現。近來讀他1980年在日本愛知大學文學部的演講〈我對文學現狀的一點的感想〉註114文中論說「這三四年來，各位在刊物上可以看到，文學研究的花樣也漸漸多起來了，結構主義有人講了，研究比較文學也不是罪名了。」難道研究「比較文學」是有罪的嗎？令人不解。

　　2. 前文已提到錢先生的《談藝錄》、《管錐編》皆在憂患環境下動筆完成的，《談藝錄》序說「雖賞析之作，而實憂患之書」；錢先生1949年後，除了《宋詩選注》之任務外，又任《毛澤東選集》，《毛澤東詩詞》英譯本的定稿者，文革潛心完成《管錐編》，其錐指管窺又指何義？錐指管窺典故來自《莊子・秋水》「是直用管闚天，用錐指地也，不亦小乎。」這是錢先生謙虛罷了，加上當時環境使然，中共文革結束，十一屆三中全會剛結束不久，由於文革的經驗，一切不顯現為要。他為何別出心裁用文言文去書寫，背後的用意如何？我想使用文言文，原本他在讀書思考時所做札記全用文言文，序中說：「瞥觀疏記，識小積多。」文革中為了文稿不遭不肖之徒的破

壞，使用文言文或許是一項安全考量。選定十部書所代表的是什麼意義？除了這十部書，另有全唐文、杜甫詩、韓愈詩，可見《管錐編》所選用著眼在中國經、史、子、集中，而詮釋的書，大皆公認的經典。莫芝以為他有「借古諷今」之用意，在論到《史記·李斯列傳》時有段武則天與狄人傑之對話，莫芝以為他用武則天影射江青。又提錢先生用焚書、文字獄，迫害知識份子之舉動，明眼人皆可嗅出其用意。[註115]大陸學者身處環境相當清楚，皆不能用文筆描繪出來，有的也只是蜻蜓點水點到為止。至於這種論斷是否正確或有意義，皆有待探索。「借古諷今」的想法，是讀者站在歷史時空中，去窺探原作者，在那時候的歷史處境，所做的反省。不過，沒有充份的證據來印證。亦只是一種揣測而已。有人建議將《管錐編》譯成白話文，[註116]這意義不大，反而失去它原來風貌。但較為重要是為《管錐編》及《談藝錄》做註解。如同周予同為皮鹿門《經學歷史》在文獻上做註解；在學術精神及心境上如余英時對陳寅恪晚年之詩文所做的釋証，假若我們對於錢先生嘔心瀝血之《談藝錄》、《管錐編》也依余先生方法來詮解，找到較客觀的註解，使讀者更能了解，並掌握書中的涵義。

　　3. 陸文虎已完成《管錐編》人名索引及書名篇目索引，而《談藝錄》只完成人名索引，但缺書名篇目索引，這一部份有待完成。這種工具書錢先生向來支持的，如欒貴明的《論語數據庫》、《永樂大典索引》、《全唐詩索引》等書[註117]，他自己向來使用札記來著書，要核對原文，頗費心力。故他認為「作為一個對於《全唐詩》有興趣的人，我經常感到尋檢詞句的困難，對於這個成果提供的很大便利，更有由衷的喜悅，這是人工智能在中國古典文學研究上的重要貢獻。」

[註118]錢先生便是經歷對文獻材料使用種種不便，及檢查不易，同時體悟對中國文化體思龐大，在有限生命中，如何掌握並消化分解材料，在索引工具使用方便下，他是大力支持的。因此，若能將陸文虎未完成部份補齊，便能掌握錢先生所引用的資料。

4. 關於《管錐編》及《談藝錄》專有名詞或術語的整理。這個工作黃維樑曾提議過。錢先生喜用一些術語如「並行分訓」（《管錐編》頁2）、「岐出分訓」（《管錐編》頁2）、「闡釋的循環」（《管錐編》頁17）等等，這些術語或是他自己的或是他人，其涵義有何差別？在全書的引用定義又如何？皆應分別臚列爬梳。

5. 錢先生自小所受庭訓及教育，皆受錢基博的薰陶，那麼他們的思想有何不同或相同，對於中國近代學術思想之貢獻如何？錢基博《古籍舉要》序中，錢先生與他父親辯論陳澧文筆不如朱一新精彩的對話，可見他們兩人的學術意見有所不同。不過錢先生自小受庭訓，多少受子泉先生的影響。[註119]又錢先生與他丈人楊蔭杭之學術往來，有沒有互為影響？[註120]楊蔭杭為律師，美國賓夕法尼亞大學碩士，論文《日本商法》，曾在《申報》寫過無數時事評論，大都收入《老圃遺文輯》。楊絳說：「錢鍾書和我父親詩文上有同好，有許多共同的語言。」[註121]可見他們在學問上有所往來。錢先生在清華求學時，他的老師吳宓、葉公超、I. A. Richards等人對他的有沒有影響？其學術淵源研究有待開發。又他老師吳宓受教於白璧德（I. Babbitt），他所倡導的學衡派（即東南學派）與當時北京大學的學者互相抗衡，兩者對於錢先生有何影響？[註122]學衡派向來被認為是新文化運動的反對者，從《學衡》雜誌的創刊宗旨「論究學術、闡求真理、昌明國粹、融化新知。」看

來它仍顧守傳統文化外，但亦吸收新的知識，並非死守傳統舊窠。學衡派的領導人如吳宓、梅光迪、胡先驌、湯用彤等人，在《學衡》創刊號中（1922年1月）梅光迪發表一篇〈評提倡新文化〉文中大力批評新文化運動者，説：「一、彼等非思想家，乃詭辯家也；二、彼等非創造家，乃模仿家也；三、彼等非學問家，乃功名之士家也；四、彼等非教育家，乃政客也。」註123這引來魯迅〈估《學衡》〉的反擊，他調侃的説：「夫所謂《學衡》者，據我看來，實不過聚在「聚寶之門」，左近的幾個假古董所放的假毫光。」註124這個學術史上的論爭，錢先生正好在清華求學，加上他的老師吳宓參與其內，在學術思考上多少受其影響。

6. 錢先生抗戰時期，在上海淪陷區寫了《圍城》（1944-1946），他在序中説：「兩年裏憂世傷生」，他淪陷在孤島的心境如何？在《談藝錄》序中亦説「雖賞析之作，而實憂患之書。」想見當時的處境及心境，楊絳説錢先生在三十五歲生日有詩「書癖鑽窗蜂未出，詩情繞樹鵲未安」註125之心情，這段轉折有待深入研究。由於目前閱讀材料中並沒有討論錢先生在上海孤島時期的處理，在當時環境及氣候下，他對於時事的看法如何？有待探索。

7. 錢先生對於中國面臨封閉處境，面對海洋走向世界是他一直嚮往的。八十年代出國訪問的興緻可見。晚清以來，中國面對政治改革的要求，四九年的中國亦是如此，他為鍾叔河《走向世界叢書》寫序，所抱的心切更是如此，「中國走向世界」的剴切心聲，正是他面對百年中國的反思。同時他借用西方文學理論或哲學思想方法之方式與目的，欲有進一步探討的必要。

六、結論

近百年來中國面對國內動亂及外人侵略的危機,學術價值往往呼應時代而誕生,在傳統與現代的追逼下往往會去追求新的時代思潮,而又要顧守傳統,對於這兩種選擇造成兩難,錢先生誕生於民國初創之際,在傳統教育制度下,又接受西方學術思潮,故能面對兩難抉擇。因此「錢學」的產生不無它背後的動力,而今它形成一股研究思潮,回顧過去研究者努力成果及前瞻未來探索的目的,回顧即對未來的檢討,前瞻即對過去的補充,「錢學」可預期發揮的空間仍是很大。

錢鍾書為現代學術思想史上的重要學者,不可諱言,他倍受爭議,無論出自主觀的攻擊或客觀的批評,皆有待後人對他檢證,他所作《談藝錄》、《管錐編》的學術,評價不容置疑,唯有更多熱切者從多元角度去探索及研究,使他在傳統文化中無論是文學、哲學或小學的詮釋得到更正確的評價,歸納出他學術系統,釐清他學術本質及方法,從以上的回顧,可知對他的研究仍待加強。

從歷史思潮中,來追溯「錢學」發展,也可以印證錢先生在二十世紀整個歷史發展脈絡中,他隨時代環境起伏轉折,在抗戰上海孤島時期、文革殘痛勞動中,他如何承接及因應,我們或可從他著作中作深入的探尋。

總之,「錢學」研究,不會因錢先生故去而降溫,更會在此世紀交替中,重新給他一個新的評價,這種評斷應當會更客觀,更公正的。

本文原登林慶彰先生主編《國際漢學論叢》第一輯 頁187-222 台北樂學書局1999年7月

註1：有關錢先生過世訊息，參見台北《聯合報》14版；《中國時報》11
版，民國87年12月21日及22日，陸緯〈清華狂才子----悼念重要學
者、小說家錢鍾書〉，〈聯合副刊〉民國87年12月22日；黎活仁
〈懷念錢鍾書先生〉，〈聯合副刊〉民國88年1月7日；大陸《光明
日報》及《人民日報》當日均有報導。澳洲雪梨《澳洲日報》為錢
先生過世製作專輯（1999年1月4日）其中有錢先生學生沙予（許德
政）：〈忍淚送別錢鍾書先生〉及《東華時報》載有李慎之：〈千
秋萬歲名寂寞身後事一送別錢鍾書先生〉（1999年1月28日），此
二份剪報承柳存仁先生賜贈，謹此致謝。

註2：張文江：《文化崑崙----錢鍾書傳》（台北：業強出版社，1993年6
月）頁1-15；孔慶茂：《錢鍾書與楊絳》（海口：海南國際新聞出
版中心，1997年3月），頁3-38；李洪岩：《錢鍾書與近代學人》
（天津：百花文藝出版社，1998年5月），頁1-26

註3：《吳宓日記》第四冊 （北京：三聯書店，1998年3月）頁282，
「上午編《學衡》稿，北大學生高昌運、張秉禮偕清華新生錢鍾書
來，錢先生持其叔（嗣父）介紹函」按：吳宓在此弄錯，錢先生是
過繼給大伯父錢基成扶養，錢基博為親生父親。

註4：《吳宓詩集》（台北：地平線出版社，1971年1月），頁20。

註5：《吳宓日記》第六冊 頁157，1937年6月28日日記「擬將來聘錢鍾書
為外國語文系主任，宓竊思王退陳升，對宓個人尚無大害，惟錢之
來，則不啻為胡適派，即新月新文學派，在清華占取外國語文系，
結果宓必遭排斥。此則可痛憂之甚者。」

註6：鄭朝宗：〈但開風氣不為師〉，收入鄭朝宗《管錐編研究論文集》
（福州：福建人民出版社，1984年4月），頁1。

註7：許淵沖：〈錢鍾書先生及譯詩〉，《錢鍾書研究》第一輯 （北京：
文化藝術出版社，1989年11月），頁276。

註8：林耀椿：〈從錢鍾書「退」的人生觀看錢學的發展〉，《國文天

註9：《錢鍾書研究》第二輯 （北京：文化藝術出版社 ，1990年11月）
頁1，鍾叔河〈編委筆談〉。劉再復：〈學者、蒼蠅、臭肉〉《中
國時報・人間副刊》 第27版，1997年10月24日，錢先生告訴劉再復
不要任《錢鍾書研究》的編委。

註10：張文江：〈錢鍾書著作的分期和系統〉，《錢鍾書研究》 第二輯
（北京：文化藝術出版社 1990年11月 ），頁55-63。

註11：潘耀明：〈錢鍾書訪問記〉，《當代大陸作家風貌》（台北：遠景
出版公司 ，1990年6月 ），頁128。

註12：鄧偉：《中國文化人影錄》（香港：三聯書店，1986年8月），頁
39；孔慶茂：《錢鍾書與楊絳》（海口：海南國際新聞出版中心 ，
1997年3月）， 頁337。

註13：林耀椿：〈錢鍾書研究書目〉（1913—1995）上《中國文哲研究通
訊》第7卷第1期 （ 1997年3月），頁26。

註14：鄭朝宗：〈編委筆談〉，《錢鍾書研究》第一輯（北京： 文化藝術
出版社 ，1989年11月），頁1。

註15：鄭朝宗編：《〈管錐編〉研究論文集》（福州：福建人民出版社 ，
1984年4月）。

註16：孔芳卿（陳耀南）：〈錢鍾書京都座談記〉，《學術與心術》（香
港：香江出版社 ，1986年4月），頁137；《錢鍾書研究》第二輯
（北京：文化藝術出版社，1990年11月），頁331。

註17：Chien Chung-Shu "China in the English Literature of the
Seventeenth Century" *Quarterly Bulletin of Chinese Bibliography*,1:4
（December,1940）,pp351-384;Chien Chung-Shu "China in the
English Literature of the Eighteenth Century I" *Quarterly Bulletin of
Chinese Bibliography*,2:1-2,1941,pp.7-48;Chien Chung-Shu "China

in the English Literature of the Eighteenth Century II," *Quarterly Bulletin of Chinese Bibliography*,2:3-4（December,1941）,pp.113-152。這兩篇論文承李奭學先生惠贈，謹此致謝。

註18：夏志清：〈重會錢鍾書紀實〉，《新文學的傳統》（台北：時報出版公司，1979年10月），頁359。

註19：錢鍾書：〈古典文學研究在現代中國〉，《錢鍾書研究》第二輯（北京：文化藝術出版社，1990年11月），頁4-18。

註20：錢鍾書：〈中國詩與中國畫〉（台灣大學法學院演講），《自立晚報》（1948年4月14-16日）；林耀椿：〈錢鍾書在台灣〉，《中國文哲研究通訊》第5卷第4期（1995年12月），頁33-43。

註21：索羅金：〈《圍城》俄文版再版前言〉，《錢鍾書研究》第二輯（北京：三聯書店，1996年2月）頁172。索氏說：「夏教授的著作幫助各國漢學家正確評價了錢鍾書的《圍城》」。

註22：同註21，又參見孔慶茂：《錢鍾書與楊絳》（海口：海南國際新聞出版中心，1997年3月），頁288。

註23：陸文虎編：《錢鍾書研究采輯》第二輯（北京：三聯書店，1996年12月）。Monika Motsch 另有中文名為莫宜佳。

註24：莫芝著：馬樹德譯《管錐編與杜甫新解》（石家莊：河北教育出版社，1998年1月）。

註25：潘耀明：〈錢鍾書訪問記〉，《當代大陸作家風貌》（台北：遠景出版公司，1990年6月）頁126-127。馬教授不幸於今年（1999）6月7日病逝。

註26：夏志清：《中國現代小說史》（中譯本）（香港：友聯出版社，1979年7月），頁380。

註27：同註26，頁374。

註28：錢鍾書：〈模糊的銅鏡〉（為香港版《宋詩選注》所寫的前言）見

《宋詩選注》（北京：人民文學出版社，1995年9月），頁298-299。

註29：夏志清：〈重會錢鍾書紀實〉，《新文學的傳統》（台北：時報文化出版公司，1979年10月），頁264-268。按有關錢先生在哥大，另有湯晏：〈錢鍾書訪哥大側記〉，《南北極》（1979年6月），頁42-43。

註30：Hu, Dennis T，*A Linguistic-Literary Study of Chien Chung-shus Three Creative Works*, Uviversity of Wisconsin,Madison 1977；Huters,Theodore David, *Traditional Innovation:Qian Zhong-shu and Modern Chinese Letters*，Stanford University Press，1977。

註31：張晨譯：《錢鍾書》（北京：中國廣播電視出版公司，1991年6月）

註32：張泉譯：《錢鍾書論》《錢鍾書和他的〈圍城〉》（北京：中國和平出版社，1991年11月），頁115-303。

註33：茅國權：〈《圍城》英譯本導言〉曾振邦譯，《聯合文學》 第5卷6期（1989年4月），頁164-173；陸文虎譯文：《錢鍾書研究》第一輯（ 北京：文化藝術出版社，1989年11月），頁250-268。

註34：水晶：〈侍錢拋書雜記---兩晤錢鍾書先生〉，《明報月刊》第14卷7期 （1979年1月）頁35-41，《錢鍾書研究》 第二輯（北京：文化藝術出版社，1990年11月），頁312-328。

註35：莊因〈錢鍾書印象〉，《聯合報副刊》（1979年6月5日）；〈錢鍾書印象的補充〉，《聯合報副刊》（1979 年6月26日），范旭侖 李洪岩《楊絳〈吳宓先生錢鍾書〉證偽》，《當代》第136期（1998年12月），頁77。

註36：小川環樹：〈錢鍾書的《宋詩選注》〉原文載京都大學《中國文學報》第10冊，1959年，頁160-165；《錢鍾書研究》第一輯（北京：文化藝術出版社，1989年11月），頁284—299。

註37：孔芳卿：〈錢鍾書京都座談記〉，《錢鍾書研究》（北京：文化藝

術出版社 ，1990年11月）， 頁332。 另見同註25 頁125。

註38：荒井健《包圍された砦》（被包圍的城堡），《飆風》第8號1977年 10月----1981年9月 第13號計五章。

註39：錢鍾書：〈《圍城》日譯本序〉，《讀書》三聯書店（1990年2 期），頁97-98。

註40：王水照：〈〈對話〉之餘思〉，《隨筆》（1990年2期），頁7-21。 此文承王水照先生惠贈，謹此致謝。

註41：錢鍾書：〈我對文學現狀的一點感想〉，《書城》（1999年5期）， 頁19；另見註36及39。

註42：麥炳坤：〈錢鍾書的生平和著述〉，《明報月刊》（1976年8月）， 頁50-54。

註43：黃維樑：〈錢鍾書的成就〉；黃詠梅：〈空白的哀思----海內外學人 痛悼錢鍾書先生〉，《羊城晚報》（1998年12月24日）第14版。此 份簡報承黃維樑先生惠贈，謹此致謝。

註44：思果：《沙田隨筆》（台北：洪範書店，1982年1月），頁82-83。 金兆：〈懷璧其罪---悼吳興華老師〉，《師友篇》（台北：聯經出 版公司 ，1987年7月），頁67-72。楊絳：〈記傅雷〉《楊絳散文》 （杭州：浙江文藝出版社，1994年12月），頁74—81。

註45：宋淇：〈赫胥黎的小說〉，《海內知己》（台北：晨鐘出版社， 1971年9月），頁195。

註46：黃國彬：〈在七度空間逍遙---錢鍾書談藝〉《聯合文學》第5卷6期 （1989年4月），頁137-144

註47：同上，頁155-163。

註48：錢鍾書：《宋詩選注》（北京：人民文學出版社，1989年9月），頁 298。

註49：馬力 黎活仁：〈有關錢鍾書的一些資料〉，《開卷》1卷7期頁

111-112；2卷1期頁43-44；2卷2期，頁37。

註50：黎活仁：〈懷念錢鍾書先生〉，《聯合副刊》1999年1月7日。

註51：鄒文海：〈憶錢鍾書〉，《傳記文學》第1卷1期（1962年9月），
頁21-22。

註52：楊絳：〈回憶我的父親〉，《將飲茶》（北京：三聯書店，1987年5
月），頁44。

註53：秦先生近來已將他一生搜集三十年代文學書籍，陸陸續續捐贈給中
央研究院中國文哲研究所圖書館典藏。

註54：周錦：《〈圍城〉研究》（台北：成文出版社，1980年6月）。按周
錦先生的藏書身後由其夫人謝霜天女士全贈中央研究院中國文哲研
究所圖書館典藏。

註55：杜松柏：〈錢鍾書《宋詩選注》之評論〉，《中華文化復興月刊》
第22卷5期（1989年5月），頁43-53

註56：趙制陽：〈談錢鍾書先生《毛詩正義》〉，《孔孟月刊》第36卷3期
（1997年11月），頁1-4

註57：林耀椿：〈錢鍾書研究書目〉上下《中國文哲研究通訊》第7卷1期
及2期，頁21-108，頁41-95，1997年3月及6月。

註58：此信由蘇恆隆先生賜閱，謹此致謝。

註59：林耀椿：〈錢鍾書在臺灣〉，《中國文哲研究通訊》第5卷4期（
1995年12月），頁33-44，近發現錢先生給陸文虎寫的墨寶將〈草
山賓館作〉改為〈文成山莊作〉，錢先生應知草山即陽明山，卻用
「文成」二字代替「陽明」，他為何如更改？另見陸文虎：《〈圍
城〉內外》（北京：解放軍文藝出版社，1992年4月）。鄭振鐸：
《鄭振鐸全集·日記》第17冊（石家莊：花山文藝出版社，1998年
11月）頁548-558

註60：夏志清：《人的文學》（台北：純文學出版社，1977年5月），頁

177-194，此文引起夏志清與顏元叔對中國傳統詩話與詞話的筆戰。另見沈謙：《文學的批判層次》（台北：時報文化出版社，1979年5月），頁79-102。

註61：錢鍾書：〈《圍城》日譯本〉，《讀書》（1981年10月），頁97-98。

註62：王次澄：〈寶馬中的詩魂〉，《聯合報副刊》（1992年8月20日）。

註63：夏志清：〈錢氏未完稿《百合心》遺落何方？〉，《明報月刊》第34卷第2期（1999年2月），頁26

註64：對於文革之反省，回憶錄、小說汗牛充棟，如巴金：《隨想錄》、楊曦光：《牛鬼蛇神錄》、季羨林：《牛棚雜憶》、楊絳：《幹校六記》、于光遠：《文革中的我》、周一良〈畢竟是書生〉-----等等，此外另有「傷痕文學」作品，錢先生以為「文學史的主流一直是傷痕文學」。另見林耀椿：〈含冤的靈魂仍飄盪在大地之上〉《文訊雜誌》（1996年8月），頁14-15。

註65：莫妮卡：（莫芝）〈中西靈犀一點通〉，《錢鍾書研究》第二輯（北京：文化藝術出版社，1990年11月），頁114-115；胡范鑄《錢鍾書學術思想研究》（上海：華東師範大學出版社，1993年5月），頁206。

註66：《文藝復興》第1卷第2期（1946年2月25日）至第2卷6期（1947年1月1日）。

註67：張健：〈三閭大學絕對不是影射西南聯大〉，《聯合副刊》（1997年4月11日）。

註68：吳學昭：《吳宓日記》第7冊（北京：三聯書店，1998年6月），頁79，頁85。

註69：同上，頁141。

註70：同上，頁258。另見吳學昭《吳宓與陳寅恪》（北京：清華大學出版社，1992年3月），頁103。書中所提指說十一月四日有誤應是十一

月六日。

註71：李田意先生有次告訴筆者說，錢先生指出像某人都能留在西南聯大
　　　教書，他只好離開。或指錢先生的才傲所致。

註72：楊芝明：〈《圍城》十年研究綜述〉，《錢鍾書研究》（北京：文
　　　化藝術出版社，1989年11月），頁251-274。

註73：解志熙：〈形象的哲學及其他-----《圍城》補論〉，《錢鍾書研究》
　　　第二輯（北京：文化藝術出版社，1990年11月，頁214；解志熙：
　　　〈病態文明的病態產兒〉，《錢鍾書研究》第一輯（北京：文化藝
　　　術出版社，1989年11月），頁120-137。

註74：張明亮：《槐陽下的幻境----論〈圍城〉的敘事和虛構》（石家莊：
　　　河北教育出版社，1997年7月）。陸文虎：《圍城內外----錢鍾書的
　　　文學世界》（北京：解放軍出版社，1992年4月）

註75：孫琮：〈關於電視劇《圍城》的評論綜述〉，《錢鍾書研究》第一
　　　輯（北京：文化藝術出版社1989年11月），頁213-228及註13，錢
　　　先生給筆者的信。

註76：兆明：《圍城之後─圍城續集》（瀋陽：春風文藝出版社，1992年7
　　　月）；胥智芬校：《圍城校本》（成都：四川文藝出版社，1992年3
　　　月）。

註77：討論的論文詳見林耀椿編：〈錢鍾書研究書目〉上頁106-108，計有
　　　40篇。

註78：周振甫、冀勤：《錢鍾書〈談藝錄〉讀本》，（上海：上海教育出
　　　版社1992年8月）。

註79：陸文虎：《管錐編、談藝錄索引》（北京：中華書局，1990年3
　　　月）。

註80：胡頌平編：《胡適之先生晚年談話錄》（台北：聯經出版公司，
　　　1984年6月），頁20-21。王水照：〈記憶的碎片---緬懷錢鍾書先

生〉，《新華月報》（1999年第2期），頁55-58。

註81：錢鍾書：《七綴集》（上海：上海古籍出版社，1995年11月），頁1，頁5-7。

註82：李廷華：〈錢鍾書論書札記〉《中國書法》，（1995年1期）；〈老坡意趣此中勘---讀錢鍾書先生書法〉，《中國書法》（1999年4期），頁62-64；吳忠匡：〈記錢鍾書先生〉，《中國文化》第一期（1989年12月），頁196。

註83：錢鍾書：〈林紓的翻譯〉，《七綴集》（上海：上海古籍出版社，1995年11月），頁80。

註84：Talks At The Yenan Forum On Literature And Art Selected Works Of Mao Tse-Tung Volume III PP69-98 Peking：Foreign Language Press，1967。李洪岩：〈錢鍾書與近代學人〉百花文藝出版社（1998年5月），頁178

註85：《外國理論家作家論形象思維》（香港：三聯書店，1980年4月）。

註86：羅新璋：〈錢鍾書譯藝錄〉，《中國語文通訊》（1990年11期），頁14-26。

註87：顧潮：《歷劫終教志不灰-----我的父親顧頡剛》（上海：華東師範大學出版社，1997年12月），頁306。

註88：單三婭、梁若兵、李韻 ：〈風範長存 燭照學界---社會科學界部分學者追憶錢鍾書先生〉《光明日報》，第二版，1998年12月22日

註89：柯靈：〈促膝閒話中書君〉，《聯合文學》第5卷第6期（1989年4月），頁135。

註90：李慎之：〈千秋萬歲名，寂寞身後事〉，雪梨《東華時報》（1999年1月28日）。

註91：錢鍾書：〈通感〉，《七綴集》（上海：上海古籍出版社，1994年8月），頁65。

註92：趙毅衡：〈《管錐編》中的比較文學平行研究〉，《讀書》（1981年2期），頁41-47；張隆溪：〈錢鍾書談比較文學與文學比較〉《讀書》（1981年10期），頁132-138。

註93：李達三（J. J. Denney）：《比較文學研究之新方向》（台北：聯經出版公司，1988年4月），頁294。

註94：楊周翰、樂黛雲：《中國比較文學年鑑1996》（北京：北京大學出版社，1987年6月），頁6。

註95：鄭朝宗：〈《管錐編》作者的自白〉，《人民日報》（1987年3月16日）。

註96：何開四：〈廈門大學開課講授《管錐編》〉，《比較文學》（1985年1期）。

註97：潘耀明：〈錢鍾書訪問記〉，《當代大陸作家風貌》（台北：遠景出版公司，1990年6月），頁122

註98：鍾叔河：《走向世界----近代知識份子考察西方的歷史》（北京：中華書局，1985年5月），頁2。

註99：朱維錚：《求索真文明----晚清學術史論》（上海：上海古籍出版社，1997年4月）。按此書收有該叢書朱維錚為每一本書所寫的導言。此叢書已由香港及北京三聯出版社出版。

註100：王曉明編：《胡河清文存》（上海：三聯書店，1996年2月），頁176-177。

註101：胡河清：《靈地的緬想》（上海：學林出版社，1994年12月）。

註102：李洪岩：《錢鍾書與近代學人》（天津：百花文藝出版社，1994年12月）。

註103：陳子謙：《錢學論》（修訂本）（北京：教育科學出版社，1994年5月）。

註104：鄭土生：〈英辭潤金石，高義薄雲天〉；牟曉明、范旭侖：《記錢鍾書先生》（大連：大連出版社，1995年11月），頁81。

註105：劉再復：《西尋的故鄉》（香港：天地圖書公司，1997年），頁311

註106：刊於《聯合報副刊》1979年6月5日及6月26日。

註107：台北無錫同鄉會曾重印中央研究院歷史語言研究所所藏《無錫縣志》光緒七年初印本，及《山明水秀的無錫》，又編有《無錫文獻叢刊》多輯，如第九輯《無錫文獻徵存錄》三編中頁123收有錢基博〈二知齋詩文聯存〉序文。

註108：楊絳：《幹校六記》（台北：時報文化出版公司，1992年9月），頁23。

註109：這段事是中國社會科學院文學所董乃斌先生告知的，董先生在五七幹校與錢先生是同一寢室。

註110：奧爾巴哈著、張平男譯：《模擬》（Mimesis）（台北：國立編譯館，1980年1月），頁2。

註111：雷馬克：〈比較文學的定義和功用〉，收入張隆溪譯：《比較文學譯文集》（北京：北京大學出版社，1982年6月），頁2。

註112：布呂奈爾等：《什麼是比較文學》（北京：北京大學出版社，1989年7月），頁229。

註113：李達三：《比較文學研究新方向》（台北：聯經出版事業公司，1986年4月），頁201。

註114：錢鍾書：〈我對文學現狀的一點感想〉，《書城》（1999年5期），頁19。

註115：同前註61，頁114-115。

註116：同前註9，頁118。

註117：陸文虎：《〈管錐編〉〈談藝錄〉索引》（北京：中華書局，1990

年3月）；中國社會科學院文學研究所計算機室編：《論語數據庫》（北京：人民日報出版社，1987年12月）；欒貴明：《永樂大典索引》（北京：作家出版社，1997年10月）；欒貴明等人編：《全唐詩索引》中華書局與現代出版社分別出版。

註118：錢先生給楊潤時的信，未發表。

註119：錢基博：《古籍舉要》（台中：文宗出版社，1970年5月），頁3。

註120：楊蔭杭：《老圃遺文輯》楊絳整理（武漢：長江文藝出版社，1993年10月）。李慎之：〈通才博識，鐵骨冰心〉，《讀書》（1994年10月），頁44-49。

註121：楊絳：〈回憶我的父親〉《楊絳散文》：（杭州：浙江文藝出版社，1994年12月），頁82-140。范旭侖：〈楊蔭杭《申報》文史札記目錄〉；范旭侖 李洪岩：《錢鍾書評論》卷一（北京：社會科學文獻出版社 1996年11月），頁341-349。

註122：侯建：《從文學革命到革命文學》（台北：中外文學出版社，1974年12月）；徐葆耕：《釋古與清華學派》（北京：清華大學出版社，1997年5月）；沈松僑：《學衡派與五四時期的反新文化運動》台灣大學文學院（1984年6月）。

註123：孫尚揚、郭蘭芳：《國故新知論----學衡派文化論著輯要》（北京：中國廣播電視出版社 1995年12月），頁71-77。

註124：魯迅：〈估《學衡》〉，《魯迅全集》第一卷（北京：人民文學出版社 1987年），頁377。

註125：楊絳：〈錢鍾書與《圍城》〉見錢鍾書：《圍城》（台北：書林出版公司，1989年9月），頁373。

第九章

楊絳《我們仨》的過往雲煙

人世間最悲痛的事莫如與親人生離死別，今已九十二歲嵩壽的楊絳先生，近來將一家人過去往事，及她承受的痛苦及懷念親人的感傷，譜成另一部回憶錄《我們仨》，這「仨」字讀音「撒」，其意是「三個」之意。乃指錢鍾書、楊絳及他們的女兒錢瑗三人，錢瑗一九九七年離世，錢先生一九九八年也駕鶴歸去，這一連串的死別，對一個八十幾歲的人是一個殘忍的打擊。

楊絳於書中開頭用夢幻式的小說筆法，開啟三人的親情述說，描述三人在醫院的生活情形，由楊絳獨擔照顧錢先生及女兒，這對她來說是一件苦事。我現在漸漸明瞭錢先生不喜歡沈三白的《浮生六記》的原因，由於錢先生在文革中也挨了批鬥，加上女婿自殺，惡鄰的不友善被迫遷離住處，這樣的生活情境當然是不愉快，怎能像沈氏享受閒情的閨房之樂。楊絳先生用夢幻小說手法，將現實的人生呈現，從圖片見伉儷情深與孩子

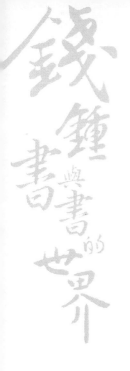

親情深至。尤其錢瑗受他外公楊蔭杭的疼愛，楊絳說「阿瑗是我生平傑作」，錢先生認為是「可造之才」，錢基博以為是「讀書種子」，楊先生對掌上明珠早逝更為疼惜及不捨。

楊先生書中第三部便用真實的文筆描繪他們這一家人，這部回憶錄可以解答關於錢先生的許多疑問。其中與《圍城》小說的情節相似處甚多，譬如他們沒有接到西南聯大梅貽琦校長的電報何來回電呢？加上陳福田遲遲不發聘書，這些原因緣於與葉公超的嫌隙，這或許是當年錢先生的個性使然，一位被破格任用的教授，不到一年便辭職離開西南聯大，到了藍田師範學院任英文系主任，或許是錢先生不願在葉公超任系主任的西南聯大教書，不過楊先生述說此事仍是為了照顧他父親錢基博使然，為了此事他們夫婦還吵了一架，這公案推翻原先我以為錢先生離開西南聯大與沈從文有關的推測。

錢先生「與世無爭，與人無爭」，譬如他原來以為還可以回西南聯大，但

《我們仨》書影

「忌之者明示反對,但卒通過」(見《吳宓日記》),但卻遲遲接不到聘書,只好在上海震旦女子學校屈就。又如原可以在社科院文學所發揮所長,卻被鄭振鐸調去整理《宋詩選注》,他萬萬不願意,但「鍾書肯委屈,能忍耐」,這部書就是錢先生近來出版《宋詩紀事補正》之前的相關著作。同時錢先生不願意與高官貴人往來,當年他在南京中央圖書館受朱家驊的賞識,但對於他的提拔不以為然,有一次蔣中正先生要與大家見面他便先行離去。他任毛選集及毛詩詞英譯的委員,這差事是喬冠華引介的,他向來守口如瓶,他以為此差事是「不求有功,但求無過」。工作完成後,一九七五年的國宴邀請,他卻請了假不出席。這是老子退的人生哲學,錢先生向來持守,這與外界對他孤傲以退為進是不攻自破的。而他對於國外的邀請講學都拒絕卻窮守書房,去完成《管錐編》等相關著作,剛出版的《錢鍾書手稿集---容安館札記》更是一大的明證。

楊先生把他們三個人過往雲煙再一次表述,是繼《幹校六記》之後,一部詳實的紀錄,對於錢先生過去事跡有所釐清,同時,對於他們的掌上名珠的疼愛,表露無遺。楊絳或許認為能在有生之年,把一些外界對於錢先生不公的批評,一次表白,這就是《我們仨》的最大用意。

註:楊絳《我們仨》臺北:時報文化出版公司 92年8月出版

輯二

書評

第十章

循環的錯誤

——臺灣偽書誤導大陸學者

近兩年來大陸圖書進口明顯的比以前容易，這是好現象。我們以為海峽兩岸的學術文化交流日漸增多，可增加彼此間的了解及研究，就文史哲界而言，對岸學術成果，如雨後春筍。暫且不論它的內容，單是數量就驚人，依大陸新聞出版署管理司編《1991-1995年國家重點圖書選題概覽》（中國社會出版社，1993年3月）從中發現有許多大套書計劃出版，如傅璇琮主編《唐詩研究集成叢書》（陝西人民教育出版社，1995年）、綠原、馮至等譯《歌德全集》（人民文學出版社，1995年）、苗力田主編《亞里士多德全集》（中國人民大學出版社，1995年）。在古籍整理方面更是可觀，如李學勤、傅璇琮等四十幾位點校《欽定四庫全書總目提要》（團結出版社），計有九冊，又如《古本小說集成》、《古本戲曲叢刊》、《中國地方志集成》均陸續出版中。

我們分享這些學術研究成果，但有些著

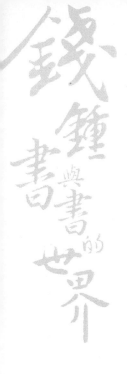

作良莠不齊，學子參考時當謹慎的引用。筆者近發現一個例子，令人啼笑皆非，這完全是不謹慎所造成。崔富章先生主編《楚辭書目五種續編》（上海古籍出版社，1993年2月）這一書目收有以下幾種臺灣出版的書，是有問題的。如下：

1. 天問疏證　木鐸出版社編（台北木鐸出版社1983年）（頁237）

2. 屈原離騷今譯　呂天明譯（台北五洲出版社1973年）（頁238）

3. 楚辭研究　胡子明撰（台北華聯出版社1976年）（頁296）

除了以上三部書外，應還有許多偽書，筆者以為崔先生也許沒有看到這些偽書，否則不會將這些抄襲的書列入書目中，但又為何能知道書的內容，如《楚辭研究》。也許轉引他人著作，或是看了原書只抄目錄，沒有細讀內容。胡子明撰《楚辭研究》這部書，早於十四年前《書評書目》有呂建忠〈一個剽竊成書的惡例〉（《書評書目》71期，1979年3月）；蕭翔〈由「一個剽竊成

《楚辭研究》書影

胡子明著

楚辭研究

五洲出版社印行

書的惡例」一文談起〉（《書評書目》73期，1979年5月）作者將胡子明
該書二十八篇論文分別列出原作者，林慶彰老師〈偽書概觀---以華聯
（五洲）出版社的文史書為例〉（《圖書文獻研究論集》頁139，文津出版
社1990年1月）皆指出此書作者根本不是胡子明，而是大陸學者如游國
恩、李嘉言、林庚、陸侃如等人。1979年當時禁止大陸書流通，也因
此作者蕭翔只指出林庚、游國恩那一部書，並未詳列出版社。筆者按
圖索驥列出以下五部書：

1. 游國恩 游國恩學術論文集 中華書局 1989年1月

2. 林庚 詩人屈原及其作品研究 上海古籍出版社 1984年7月

3. 李嘉言 李嘉言古典文學論文集 上海古籍出版社 1987年3月

4. 陸侃如 陸侃如古典文學論文集 上海古籍出版社 1987年1月

5. 馬茂元 楚辭研究論文選 湖北人民出版社 1985年7月

　以上五部書皆可以證明胡子明的文章為偽文。所撰《楚辭研
究》，根本是將大陸學者的著作改頭換面而成。

　　《天問疏證》題木鐸出版社編，這是翻印的一貫技倆，用這種手
法避免被查禁，此書作者應是聞一多。崔富章《楚辭書目五種續編》便
列有聞一多《天問疏證》一卷，提要中說「著者有《楚辭斠補》，已
著錄，此為《斠補引言》中所定第二項課題「詮釋詞義」之一部。」
（220頁）而木鐸版在後記（頁126）中有言：「此著者《楚辭》研究專
著之一，屬於《楚辭校補·引言》中所訂第二項研究課題即「詮釋詞
義」。」另依《聞一多全集·古典新義》（頁341）有《楚辭校補·引
言》，聞一多給自己定下了三個課題。一、說明背景；第二、詮釋詞
義；第三、校正文字。如此推論便可知木鐸版是聞一多的著作。

呂天明譯《屈原離騷今譯》是郭沫若所譯，比對《郭沫若全集‧文學篇》第五卷（人民文學出版社，1984年6月）即知；而所附《屈原九歌今譯》應是文懷沙的譯文，持文懷沙《屈原九歌今譯》（古典文學出版社，1956年11月）來比對，即可分曉。如此剽竊在當時也許是無可奈何的事，但很容易造成引用的錯誤。

筆者另發現一本由黃中模主編《楚辭研究及爭鳴---楚辭學集刊第一輯》（團結出版社，1989年12月），錯的更離譜。此書由重慶師範學院《楚辭》研究室主辦。設有編委會，赫赫有名如姜亮夫、湯炳正、林庚、王利器等人皆為委員。黃先生為《辭楚》專家，著有《與日本學者討論屈原問題》、《中日學者屈原問題論爭集》。問題出在該書收有一篇臺灣胡子明的《屈原放逐時地考》。令人不解的是，臺灣研究《楚辭》大有人在，別的文章不選，偏偏選了這篇偽文。此文真正作者是游國恩，出自游著〈論屈原之放死及楚辭地理〉之第一章。游文後來收入《游國恩學術論文集》中於1988年北京中華書局出版。我們懷疑的是《楚辭研究與爭鳴》比《游國恩學術論文集》晚出版，相差一年，編者難道沒有發現？而事實上游國恩此文早收入《讀騷論微初稿集》，主編根本沒有注意文章的內容。而寫序文的湯正先生也錯誤的說：「至於胡子明的《楚辭研究》，呂正惠的《澤畔的悲歌：楚辭》，卻能從不同角度呈現新義，可見臺灣屈學研究，也大有風起雲湧之勢。」可見在編輯過程中沒有細讀每篇文章，卻妄加論斷，不免可笑。

同書另有王麗娜撰有〈台灣《楚辭》研究近況綜述〉，同樣犯了錯誤。王先生曾編《中國古典小說戲曲名著在國外》（學林出版社1987

年8月）知名於學界，可惜王先生也錯誤的引用胡子明《楚辭研究》，
王先生以為此書「是很有分量的一本學術著作」，他分析解說〈說國
魂〉（實為林庚的論文），分析〈《楚辭》題解〉（實為楊柳橋論文），
可見他也見過台北這一本華聯版，此外他也將游天恩《楚辭概論》列
入錯誤的行列（實為游國恩的著作）。

　　從黃先生的編後記知道《楚辭研究及爭鳴—楚辭學集刊第一輯》
花了兩年時間，但不難看出某些方面的粗糙及不嚴謹。筆者並不是吹
毛求疵，臺灣早期出版社囿於政策，將大陸學者著作改頭換面、張冠
李戴。而今仍有一些偽書充斥，不明內容的學者不慎引用，造成了許
多錯誤，而黃先生便是受害者之一。這種「偽書文化」在解嚴前是出
版社翻印大陸著作，所採取下下之策。出版商的竄改，是政策的約束
所造成的。大陸學者在不知此「偽書文化」現象下所造成的錯，也許
不必太過苛責。就這問題言之，林慶彰老師早呼籲應儘快整理當代偽
書，編輯《當代偽書考》（見〈如何整理戒嚴時期出版的偽書〉收入《圖
書文獻研究論集》1990年1月，文津出版社）。這個工作相當重要，但工程
越來越難進行，主要是：一、市面上的偽書漸漸銷聲匿跡。二、舊書
坊的偽書也難尋訪。三、辨證偽書方法及功力有待努力。雖然林老師
有提出幾種辨偽的方法，但仍然不夠全面及周延。

　　筆者提出這一點問題，乃是希望臺灣學子選購大陸圖書及引用臺
灣早期印的學術資料時，務必小心謹慎，否則會鬧出許多笑話。

本文原登於《國文天地》第9卷11期 頁86-88 1994年4月

第十一章

父子情深的《傅雷家書》

天下父母心，世間親情莫過於父母的恩情。再無任何東西與之比擬，為人子女者更當體諒父母苦心。雖不望成龍成鳳，亦盼成為一個有用之才。著名鋼琴家傅聰便是在父母的嚴厲教導下，成為國際斐名的音樂家。這背後心酸，亦只有為人父母才能體會，傅聰一切成就皆當感謝父母的苦心。

《傅雷家書》從一九八一年出版以來，洛陽紙貴，唯錯誤之處甚多．傅敏（傅雷兒子）請傅聰將原信帶回，重新整理。一九八四年北京三聯再版，香港三聯亦出繁體字本，臺灣先有盜印本充市，一九八八年聯合文學出版社亦正式出版。這一部家書計有兩百封，自一九五四年一月至一九六六年六月，記錄父母對孩子的關心及教導心酸歷程。

傅雷為著名翻譯家，譯有羅曼羅蘭《約翰·克利斯朵夫》、巴爾札克《高老頭》、伏爾泰《老實人》等譯作三十餘種，其譯作已由安徽文藝出版社出版，計有十五冊的

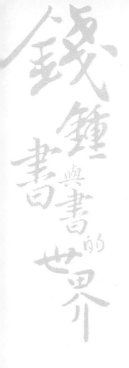

《傅雷家書》書影

《傅雷譯文集》。《聯合文學》亦於一九八七年九月號（第35期）製作了「傅雷特輯」為紀念這一位有骨氣，不諂媚，在文革期間，不向紅衛兵低頭知識份子，夫婦兩人在一九六六年九月二日自盡，留下一封遺書，內容為親戚寄存物品被查封，自己如何賠償。託人代付房租，連火葬費亦交待，-----等等。紅色文革，不知有多少知識分子在動亂中不屈不撓，抗爭至死。他們的孩子（傅聰）在一九六四年入了英國籍，違背了他自己一直恪遵的三原則，這個舉動當然造成傅雷的不安，一九六四年十月三十一日信說：

你的處境，你的為難，你迫不得已的苦處我們都深深體會到，怎麼能只責怪你呢？可是我們就是如何再諒解你亦減輕了我們沉重的心情。民族自尊心受了傷害，非短時間內所能平復，因為這不是一個「小我的」，個人的榮辱得失問題。

從此處便得見一個讀書人的耿介，對於民族懷有強烈自尊心，那高風亮節

的胸懷令人敬佩。就是因為家中暫存姑媽一只箱子，因是別人東西，從不去打開它，卻因存有所謂「反黨罪證」，就被冤枉批鬥。這罪證只不過是蔣介石先生夫婦相片而已。傅雷又不連累姑媽，只任憑那一群紅衛兵欺辱，這樣文人就在那動亂，是非不分的紅色大禍中含冤而死。

樓適夷在北京三聯版代序中說到「這是一部最好的藝術學徒修養讀物，這也是一部充滿父愛的苦心孤詣，嘔心瀝血的教子篇」。筆者喜讀家書，清代中興名臣曾國藩家書，是家喻戶曉的，給紀澤、紀鴻兄弟的家書，與傅雷給傅聰、傅敏家信有異曲同工之妙。這或許是中國儒家教家向來的主張及要求。

傅雷對孩子要求首重在「道德」，一九五四年九月四日，他信中說：

你從小到現在的家庭背景，不但是在中國獨一無二，便是在世界上也很少很少，那個人教育一個年輕的藝術學生；除了藝術外，再加上這麼多的道德的。

傅雷用傳統儒家教規來教導孩子，例如：做人做事，他訓勉說：「一切做人的道理，你心理無不明白，吃虧的是沒有事實表現，希望你從今以後，一輩子記住這一點。大小事要對人家有交代----」；又如吃飯兩手不拿刀叉，要平放在桌面上，刀叉不能掉在盤上，叮噹響。進入別人家，圍巾必與大衣一同脫下，不可留著。又傅聰寫別字（草書寫錯）亦耐心指正。當然對這一位愛子關於中國學問特別關切，頻頻寄中國文學典籍、畫冊、字帖給他，如《古文觀止》、《人間詞話》、《世說新語》、《麥積山石窟》---等書。他認為除了音樂外，

「為學最重要通，通才能不拘泥、不迂腐、不酸、不八股。通才能培養氣節，胸懷、目光、通才能成為大，不大不博，便有坐井觀天的危險。」事實上傅雷把傅聰從小學撤回，由自己教他，從《左傳》、《史記》、《漢書》選材料，又請了數學，英文教師，教英文的便是楊必（楊絳的妹妹），譯過英國薩克雷《名利場》；而黃賓虹、劉海粟皆與傅雷熟識，依常理傅聰亦可借此機會學習繪畫，受中國美術之薰陶。

可是傅雷從來不認為他這樣處心積慮，苦口婆心是在教訓他、苛求他。他說：「孩子，我從你身上得到的教訓，恐怕不比你從我得到的少」，又「假如你身上還不以我頑固落伍，而願意把我的意見加以考慮的話，那對我真是莫大的榮幸。」，事實上，傅雷主要是激發孩子的思想，同時，從他那裡得到一些材料及訊息，這樣父子情深，非外人所能體會。誠如一九五五年四月二十日他在信上剴切的說：

我自問長篇累牘的給你寫信，不是空嘮叨，不是莫名其妙的gossip，而是有好幾種作用的。第一、我的確把你當作一個討論藝術，討論音樂的對象。第二、極想激出你一些青年人的感想，讓我做父親的得些新鮮養料，同時亦可以間接傳佈給別的青年，第三、借通信訓練你的，不但是文章，而尤其是你的思想，第四、我想時時刻刻隨處給你做個警鐘，做面忠實的鏡子。

身為父親並沒有權威式命令，反而是謙和、誠懇、互相溝通，彼此切磋，親情流露無已。

家書另一點值得借鑑的，就是男女愛情關懷，傅雷本亦是風流才子，留法時迷戀一位法國小姐，做為父親的他當然了解傅聰正值二十歲情竇初開，必亦會談戀愛，信中便提醒著說：「我一生任何時期，

鬧戀愛最熱烈的時候，亦沒有忘卻對學問的忠誠，學問第一，藝術第一，真理第一，愛情第二。」；「望你把全部精力放在研究學問上，多用理智，少用感情。」費盡口舌當然是無法抵擋傅聰的愛情發展。藝術家天性浪漫的，脾氣往往亦是倔強的。傅雷不時為著他們媳婦打氣、鼓勵，「我只能勸你在聰發脾氣的時候別太當真，就算他有暴跳也請你儘量克制，把他當作一個頑皮的孩子，我相信他很快會後悔，並為自己蠻不講理而慚愧。」

他們擔心孩子的婚姻生活，又怕媳婦不能適應自己兒子倔強脾氣，又得向兒子勸告。「彌拉（傅聰太太）確是本性善良，絕頂聰明的人，只是耐著性子，多過幾年，一切小小的對立自會不知不覺的解決。」夫妻生活彼此的不了解，不忠實，只是一時衝動。這使我想到錢鍾書的《圍城》，現代人的婚姻不亦如此嗎？傅聰後來亦談到，由於父親「道學」意識加給他的約束，如果不是父母親早過逝，他們亦不會那麼早離婚。

一切外界的事物仍不斷對我發生強烈的作用，引起強烈的反應和波動，憂時憂國不能自己，另一時期又覺得轉眼之間即可撒手而去，一切於我何有哉！-----不知道這是現代中國知識分子的共同苦悶，還是我特殊的氣質使然。

這是一九六一年八月十九日給傅聰的信，寫到自己憂國憂民內心感受。他以為知識分子當懷著「雖千萬人吾往矣」的胸襟，他亦同樣心情期許傅聰，但是表面上是激發傅聰，可是仍然有些生命情懷不為他所接受。

在香港《明報月刊》（一九九二年七月號）讀到潘耀明訪問傅聰的

報導，訪問中得見傅聰並不完全同意接受父親的思想，藝術家的生命樂章是不拘不束，並夾有反傳統叛逆的個性。他說：

假定我走的路跟我爸爸完全一樣，我就會有一個局限，我由我，我走我的路子。尤其是後來的發展，你們不要看了家書便老是把我框在這個圈子裡頭。我離開家書已經三十年啦！

傅聰自詡說了這樣的話，如果屬實，亦就是自始至終他根本沒有接受父親的思想，但難道丁點影響皆沒有嗎？其實亦不然，他說：「我爸爸從前的嚴格要求對我當然有一定的影響，但是坦白說有好的一面，亦有不好的一面。不好的一面就是我有很多包袱。」不可否認儒家傳統倫理給人許多沉重包袱。但這包袱從另一個角度處之便是人創發生命的泉源，使自己生命給予緊張性、警覺性，「如履深淵，如履薄冰」。筆者以為倘若沒有傅雷囉囉唆唆，絕沒有今天的傅聰。

這一部字字心酸，句句關懷，無論是對子女的期許，或對國家憂心的家書，在這充滿是非混淆，民族意識薄弱，道德觀念日趨淡薄，家庭倫理異常的社會中，供給為人父母，為人子女細細品嚐的好書。

本文原刊《書評》第22期 頁33-36 1996年6月

吳雨僧的聲名早已消聲匿跡，不為學術界所注意。如果提起他的弟子，如錢鍾書、季羨林、曹禺、李賦寧、鄭朝宗等人，你我皆會暗地揣測，此何許人也？先生早年留學美國，受教於新人文主義大師白璧德（Trving Babbitt, 1865-1933），同學中有湯用彤及梅光迪等人。在哈佛認識陳寅恪，當時有所謂「哈佛三傑」，即指陳寅恪、吳宓、湯用彤三人。返國後任南京東南大學西洋文學教授，並任《學衡》雜誌的總主編。由於個性真誠不偽，坦蕩不阿，信仰新人文主義，經清華大學曹雲祥聘任為「清華國學院」主任。當時國學院有四位導師王國維、梁啟超、趙元任、陳寅恪，眾所仰望。而陳寅恪便是得他大力推薦。此事汪榮祖在《史家陳寅恪傳》已提出來，現依《吳宓日記》，汪先生以為更確定無疑。

吳先生對朋友的情誼相當契重，如對吳芳吉（碧柳，1897-1932，四川江津人），就是一

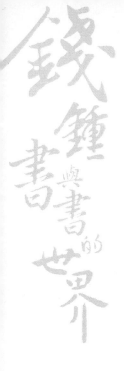

吳芳吉著作

明顯的例子。他們同是北京清華園同班同學，1912年清華發生學潮，吳宓與吳芳吉等十位代表被開除，經數星期後，學生代表又被赦回，但只有吳芳吉不肯回來，直接回四川。「吳宓殊為感傷，與吳芳吉訂為生死之交，篤念情深，終身不渝。」吳芳吉回老家「鄉里荒旱，居不能自給，再赴上海」，又入章氏叢書社任校對，不久與人爭吵。又流落上海，吳宓便匯款接濟他。甚早在美國留學仍然籌款救濟他，並訂有公約，所謂公約乃自願接濟吳芳吉者必定期繳款，不容延緩，又永無酬報還答----等五條約定，等吳芳吉自立時，公議才解組。他們友情殷深，患難相濟，今有如情誼者甚少。他們兩人喜作詩，1925年兩人擬將詩稿合編，並請柳詒徵撰序，「序曰兩吳生者，陝吳宓川吳芳吉也，兩人者，貌不同，跡不同、遇不同、詩也不同，合刊之者，其本同也」。所謂本同乃指性情相同，對文化的使命、教育的關心、藝術的心靈、國家的安危，----等等，皆是相同。可惜此詩集夭折沒有

出版。1927年吳佩孚遣部隊包圍西安城235天後，吳芳吉當時任教西北大學，生死未卜，吳宓擔心他的安危，便趁省父兼入城迎吳芳吉出城，其患難見真情，由此可證。又有一事；乃吳芳吉之妻何樹坤與其母不和，吵鬧不休，且食鴉片、又患血崩之症，他得忍饑省錢為其妻治病，但他仍對這位妻子不敢有二心。吳宓在書跋同情說：

顧碧柳猶堅貞自守，對其妻不存貳心，此尤為人所難能者矣。

吳宓當然心中有所感愧。後來，他和原配陳心一離婚，另戀佳人，行為也遭到友朋質疑。

吳芳吉英年早逝，1933年三十六歲便撒手人間，留下《白屋吳生詩稿》上下兩卷，另有《碧柳日記》手稿三十四冊，計六十萬言，吳宓以為「可為二十世紀中國之信史」，並寫「碧柳挽詞」哀悼。

吳宓的另一位師友便是陳寅恪，他在《空軒詩話》說：「寅恪雖系吾友實吾師」陳寅恪返國後也入清華國學院任導師，依陳哲三《陳寅恪先生軼事及其著作》（記述藍文徵的話）：「吳宓、朱自清都常來聽講。」兩人情誼甚深。吳學昭（吳宓女公子）所撰《吳宓與陳寅恪》依《吳宓日記》描述吳宓與陳寅恪的交往詳盡如實，其中以1961年他以六十八歲探視七十二歲的陳寅恪最引人注意。陳見十幾年未見老友來訪喜悅至極，並有〈贈雨僧〉詩句：

問疾寧辭蜀道難，相逢握手淚汍瀾。

暮年一晤非容易，應作生離死別看。

因緣新舊意誰知，滄海桑田事已遲。

幸有人間佳偶在，杜蘭香去未移時。

吳宓久為人垢病的是他與毛彥文的戀情，他與元配陳心一離婚，引起

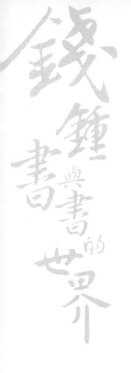

吳宓在清華園

友人的反對及批評，吳芳吉來信痛叱說：「離婚今世之常，豈足為怪。惟嫂氏無有失德不道，而竟遭此！《學衡》數十期中所提倡何事，----今有其言而無其行，以己證之，言行相失，安望人之見信我哉？」男女愛情總是盲目，吳宓鍾情毛彥文（海倫），有詩為證，〈吳宓先生之煩惱〉：

吳宓苦愛○○○，三洲人士共驚聞，離婚不畏聖賢譏，金錢名譽何足云。

又〈海倫曲〉：「海倫天下美，云是神人裔。」這是何等癡情，可是令人不解的是，毛氏卻變心以三十二之齡下嫁六十六歲的熊希齡。依吳宓自己說當時毛女有信來要他到上海解決，可是他手上正編《空軒詩話》，中華書局催稿甚緊，1935年2月9日，當他編完此詩稿，也是海倫與熊氏結婚日。他悲痛萬分，苦要毛氏不要離去。哀慟中寫下「漸能至理窺人天，離合悲歡個有緣，待女吹笙引鳳去，花開花落自年年」，從《空軒詩話》不難看出他深愛海倫

的心。他自言「予愛之最深且久者，則為海倫，本集之詩，可為例證」，他對原配陳心一自始至終皆沒有愛意，「予之離婚只有道德之缺憾，而無情意之悲傷。」我們以為吳宓對陳氏根本不存愛意。1961年吳宓到廣州拜訪陳寅恪，當時陳使力勸吳至北京與原配復合，但終無結果。

詩人的浪漫情懷又夾有道德意識，這種二元論心性之情，造成兩難。在他《文學與人生---人與宇宙之關係圖》可見端倪。他認為宇宙與人皆為二元，作為人是縮小的宇宙，而人又是區分靈魂及肉體（即一與多的二元對立），人堅守的是精神意識追求，它是理念的、型式的（form）、也是理想的，超越於現實世界的多元現象（它是肉體的、物質的「matter」、也是自然的）。而道德意識即是型式、是一；而愛情是物質，即是多，他秉持柏拉圖的理念（idea），是理想也是一。而外界事物是多，無論婚姻與愛情，皆以理念為主。經過這一次衝擊，他不免自我安慰及自省，「予對人但有愛恕，對己不免衿憐，於公共之事業責任，則黽勉竭力。」他在《文學與人生---人生、道德、藝術：小說與人生》此章列有五條要目分析小說與人生的關係：一、自作自受；二、人生如戲；三、崇真去偽；四、愛由心生；五、好善惡惡。他自我調侃自我反省，在《空軒詩話》後記很明白說，他真正道德觀及對人生之經驗理解，擬在人生哲學及長篇小說表述。而在清華大學講授《文學與人生》這部講義，正是他受挫後，對人生哲學及愛情觀的經驗闡述。而英國小說家薩克雷（W. H. Thackeray）的著名小說《名利場》經常被他引用，其中〈開幕以前的幾句話〉：「市場上有的在吃喝、有的在調情、有的得了新寵就丟了舊愛，有在笑的、也有的在

哭的----」這不也正是他的影子嗎？總觀吳宓雖因與原配離婚，遭到友朋的反對及指責，但他並不是沉耽於愛情的迷霧中，有人便說：「宓重視其詩，過於生活及愛情。」我們是可以理解的。而陳寅恪也了解他的浪漫情懷，只有囿於道德禮教，故同情的說：「感情不得發舒，積久而瀕於破裂，猶壺水受熱而沸騰，揭蓋以出氣，比之任壺炸裂，殊為勝過。」

文革期間的1971年，年近八十歲的吳宓右目失明，在四川梁平仍叨念契友陳寅恪，便發信給「中山大學革命委員會」，探問他們的下落，可是陳寅恪夫婦早在1969年便離世，家人怕他傷心不告訴他。1973年 6月3日有一段日記，記述他懷念好友的心境如下：

陰雨，夜一時，醒一次。近曉4:40再醒。適夢陳寅恪兄誦釋其新詩句「隆春乍見三枝雁」，莫解其意

吳宓晚年也目盲足臏，周錫光〈晚年的吳宓先生〉已有描述，說他晚景淒涼，久臥於床，孤寂離世。（見《中國文化》第3期）

1990年在陝西召開「吳宓國際學術研討會」，並籌畫《吳宓文集》出版。這是對這一位耿直的文人表彰和懷念。受人矚目的《雨僧日記》也計畫出版，但經費問題尚待解決。我們期待著《吳宓日記》、《吳芳吉日記》能早日出版，對中國近代學術史研究必有相當大的助益。

本文原刊於《國文天地》第10卷2期 頁103-106 1994年7月

第十三章

含冤的靈魂仍飄盪在大地之上

——讀巴金及楊曦光

「文化大革命」是本世紀人類的一大浩劫，它給中國人帶來了無法彌平的傷痛，烙印紅剌剌的殘絕人寰陰影。這段歷史悲劇永永遠遠停留在中國人心坎中。

「傷痕文學」的出現表述文人對「文革」的不滿及心酸，無論用何種體裁、型式，都在控述心靈被欺詐、恐嚇的經過。這種文學體裁如雨過春筍，接踵而生，也激起了串串漣漪及討論。一九七九年十月大陸《人民文學》編輯部召開短篇小說創作座談會，會上一致討論表示要跳出「四人幫」文教桎梏，拋棄教條式文化規範，讓過去不敢表述的事泉湧而出。因此劉心武《班主任》、高曉聲《李順大造屋》、馮驥才《阿！》紛紛出籠。但畢竟這皆是文學作品，雖有血、有淚，但也只是無言的控告。

巴金的《隨想錄》是一部敢言的書，無所忌憚的肺腑之言。它唱出知識分份子的心聲，「臭老九」是當時被鬥最淒慘的一群，

他們生不如死，低聲下氣的靠攏，見風轉舵的無奈。巴金感嘆的說：「十年浩劫中的生活是應當詳細記錄下來的。這是人類歷史上的奇蹟。」

《隨想錄》計分五集，分別是〈隨想錄〉、〈探索集〉、〈真話集〉、〈病中集〉、〈無題集〉。這部書是巴金說真話的感傷之言，他以為「人只有講真話，才能夠認真地活下去。」試想在那浩劫十年，有多少人能講真話，而不講假話？的的確確在是非不明的時代中，一切「真真假假」（譖容的小說），又有誰能說出真話來。一不小心便造成「反革命份子」、「反動權威」的指控，便進入「勞改營」重新教育。十年漫長歲月，整片大地全搞這些人害人、人欺人的遊戲，批鬥自己親人、師長，也因此有許許多多知識份子在百般的蹂躪下自殺，如傅雷夫婦、老舍、吳辰伯等人。巴金自己說：「要不是為了蕭珊，為了孩子們，這一次我恐怕不容易支持下去。」紅衛兵目中無人的欺凌知識份子。哀鴻遍野，民不聊生。「四

中國向何處去？

（原著名：省無聯─中紅造會鋼三一九
兵團「奪軍權」一兵 1968.1.12）

楊曦光

楊曦光《中國向何處去》

《牛鬼蛇神錄》書影

人幫」垮台之後，平反的平反，但是這些傷痛永難撫平，那一群含冤的精靈仍飄盪在中國大地上。

「文革」中另一種悲慘生命情懷，便是進入勞改營。這種「改造」是淒慘悲痛的。楊曦光（楊小凱）這位當年叱吒風雲的人物，他以十七歲年齡寫了一篇驚天動地的文章〈中國向何處去？〉在廣州《廣印紅旗》第五期（一九六八年三月）發表，當時署名「省無聯一中紅造會鋼三一九兵團『奪軍權』一兵」。此文造成當權者的震驚，連毛澤東也為之驚訝。楊曦光當然入「勞改營」改造。一九九八年他在普林斯敦寫博士論文時，動筆寫了《牛鬼蛇神錄》（英文版書名Captive Spirits）記述他在勞獄中的苦痛生活，所謂「牛鬼蛇神」，依巴金所說：「這個牛字是從當時《人民日報》的一篇社論〈橫掃一切牛鬼蛇神〉來的。」楊曦光當時為「省無聯」的一份子，他們批擊當權者，以為「中國已經形成了新的特權階級，他們壓迫剝削人民------所以中國需要一次新的暴力革命推翻特權階級，重建以官員民選為基礎的民主政體。」這樣前進的反政權革命思想，遭來撻伐。楊曦光便進入牢獄，這部《牛鬼蛇神錄》活生生記錄了牢獄的點點滴滴。

「反革命份子」看不慣當權者的行為，無論行為的意向及行動如何皆觸犯了當權者。楊曦光歷經看守所、勞改營、監獄。所謂中國「古拉格群島」三大系統，被折磨十年。此書真實描繪監獄犯的各種殘酷遭遇，我們悲慄楊曦光的遭遇，但敬佩他好學的精神。他向勞改營各專業人才求救，如向余裕一（工程師）學高中數學；向何敏和學高等數學、英文；陳光第學微積分------等等。在艱辛勞改營中仍孜孜不倦學習各種課程，奠定往後在美國讀博士的基礎。十年中，他歷經

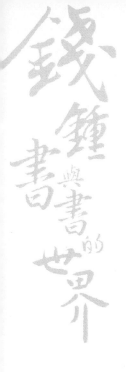

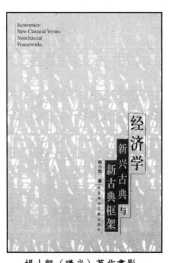

楊小凱（曦光）著作書影

折磨並且記錄了無數駭人聽聞的事蹟。如他母親因他入獄而自殺，人犯被互相監視控告，因逃獄而就地槍決-----等等。今天我們回首這段歷史，只能做為一個借鑑及反省。如同《隨想錄》所說：「我經歷了十年浩劫的全部過程，有責任向後代講一點真實的感受。」楊曦光如今已是一個著名經濟學家，執教於澳洲莫納什大學，我們用感佩心情去認識他，去體認當年污煙瘴氣的情形下，仍有執著求知的信心。

凡經過文革這一場血血淋淋鬥爭的人，皆有權利提出自己肺腑心聲。如楊絳《幹校六記》、巴金〈懷念蕭珊〉、蕭乾〈一個老知識份子心境素描〉----等等。從整個人類歷史發展看來，一個錯誤的決定，便會造成全體人民的苦痛及悲傷。浩劫的這十年，不妨如同巴金所說成立一個「文革博物館」，保存當年血腥的文獻材料。既然是傷痕，何怕指責？既然是犯錯，又何必不承認？對於此浩劫當深切反省。不容許重蹈覆轍。巴金無奈的說：「對於長達十年使

幾億人受害的大災難，誰又能夠輕易忘記呢？」三十年後的今天，回首這一段悲慘的歷史，每個中國人在內心當中反思及警惕，而巴金及楊曦光這二部書，足供後人對這段歷史做為借鑑。

按：楊曦光先生生於1948年10月6日，2004年7月7日過世。

本文原刊《文訊雜誌》第92期，頁14-15，1996年8月

第十四章

學人的印象

——讀張鳳《哈佛心影錄》

哈佛大學是美國長春藤名校之一，其盛名不必再贅言。莘莘學子求學過程中的夢寐之地，而哈佛燕京圖書館更是他們充電的聖地，也是全世界的學人到哈佛必要到的地方。張鳳女士的〈哈佛心影錄〉是她服務該館與鴻儒碩彥的訪談錄，向來著名學者的涵養、學識、人格風範及求學過程，是教育學子最好的教材。訪談學人的過程，訪問者本身要掌握對方的身世及學術生涯及其著作，甚至軼事，從訪談中應證及探求。因此這些文字往往是第一手的，受訪者神情及哲思在剎那間提供給讀者，讀者從一些小事可以看出學人的人格風範。筆者也服務於圖書館，往往會見到許多來自全世界的著名學者，向他們請益的機會便多。此書訪談的學人與中研院有很大關係，尤其與文哲所關係更密切。著者用最現場的報導方式，顯現這方面的訊息，是本書最令人驚訝的貢獻。筆者十年前在大度山與傅偉勳先生有一面之緣，當

哈佛心影錄

鄧雲鄉與作者於上海華東師範大學

時他提倡「文化中國」，造成學界的震撼。十年後傅先生經歷一場折磨，從死神手中逃出來，他在艱困的情況下，冰天雪地孤寂的步行五十分鐘，入院開刀檢查，以試自己的毅力。融合莊子的忘我心境及禪宗涅槃的功夫。從中體會死亡的親身經驗，寫出〈死亡尊嚴與生命的尊嚴〉一書，造成轟動及熱烈討論。對「文化中國」使命我感受很深，與傅先生討論中國文化及儒學在大陸推展的情形，傅先生勉勵有加，不久後，接到傅先生賜贈兩本論文集，十年後才有機會感謝他。

葉嘉瑩先生的演講每次聽後使人餘音繚繞，尤其是詩詞詠唱更令人拍案叫絕。每次見到葉先生總感覺到他活力四射，四處為學術奔跑。去年與先生在上海拜訪鄧雲鄉先生，車上談及他為詩詞教育奉獻心力。他以為小孩當自小培養背誦詩詞的興趣，趁記憶力最好的時刻，讓小朋友多背詩詞，以後再慢慢讓他理解。葉先生過去總總令人心酸，有次提及白色恐怖時期，他卻一笑述之，

並沒有任何怨言，可見先生的心胸。那次上海會議之後，他又趕到四川參加繆鉞先生的追悼會，而後又要回哈佛工作，足見先生為學術工作到處奔波。

杜維明先生每次回南港開會，總是繞過好幾個國家，好比空中飛人。先生對儒學推展不遺餘力，尤其在中國大陸及新加坡。有次他告訴我他們正有「會讀」的活動，紮紮實實的讀王陽明《傳習錄》，一字一句去理解、去探索。他仍然推動傅先生的「文化中國」工作。中國大陸的儒學研究推動得相當快，杜先生有其貢獻。他又在中研院人文所推展「人文及社會科學的哲學反思」，這個工作正推行中。今年他又被推舉中研院院士候選人，可見他這些年對儒學推動，貢獻甚多。

葉嘉瑩與作者於上海松江縣陳子龍墓園

杜維明與作者

張光直先生是著名考古人類學家，他的父親是文學家張我軍先生，近年來本土化意識高漲，有些鮮為人知的本土文學家，紛紛被報導出來。文哲所前不久還舉辦一個「張我軍研討會」，吸引了一些熱愛鄉土文學的人士。張先生早

期主持過「臺灣濁水、大肚兩溪流域自然與文化史科際研究計畫」。這個計畫延續臺灣史前文化的研究，筆者住在大度山下，曾在山坡間挖掘到陶片及貝殼，從這些遺址可以體會出臺灣先民的種種事蹟。張先生近來身體不好，有次與他在超級市場相遇，提及他身體，他說：「剛才好好的，現在又有一點不舒服。」他回中研院工作（任副院長），推動臺灣史研究及東南亞研究計畫，奉獻心力給鄉土。

鄭培凱先生所掌舵的《九州學刊》因經濟拮据與金恆煒負責的《當代》都有不測的命運。偶然間在舊書攤看到程步奎自印《天安門的獨白》，程步奎是鄭培凱的筆名，張鳳女士在此書並沒有提及。文人在內心秉此一股使命感，對中國文化的命運，皆背負無形的擔荷，詩人感慨著說：「表面上看來，這是一本政治詩的結集。其實不然。我自己讀了幾遍之後，愈發清楚地認識，這本詩集記錄的，是我自己的心路歷程。」可見六四天安門事件，使詩人心靈中，有很大的衝擊，詩人用感傷、淒涼的筆法，譜寫出內心的抗議及感受。

王德威先生在馬悅然先生來文哲所演講會上，英文的對答流利，反應的機靈，難怪夏志清先生將棒子交給他。夏先生調侃的說：「他具有我所有一切，除了我的機巧（wit）。」王先生專注中國近代、當代小說研究，發出時人所不注意的看法，繼承夏先生的使命。

以上是筆者就該書所提及的學者，就自己與他們的親身經驗，補充一些材料。此書的訊息相當新穎，值得一贊。但是有些文稿發表在海外，在臺出版，有些行文應當修改，如介紹張光直先生時「也是中華民國中央研究院院士」有點累贅，其次再版時，可將各學人的著作，簡列細目，供讀者參考。再者可將各學人的相片附上，以增印

象，並將學者小傳附於後，這樣的資料可使讀者增加讀書的意願及方便。

本文原登《書評》雙月刊第26期，頁40-42，1997年2月

第十五章

西方又見東方

——讀張堂琦《域外知音》

漢學研究在西方向來是熱門的研究課題，外國人研究中國學問往往投下畢生心力，追根究底。以日本來說，對於所謂「支那學」的研究成績，總是令人歎為觀止。國內學術界早也覺醒，早在二十四年前（一九七二年），在中央研究院院士會議中，沈剛伯、屈萬里、嚴耕望等三位院士，便倡議臺灣成為全世界的漢學中心，政府也努力推動，如國家圖書館漢學研究中心，蔣經國基金會協助國內外學人各項計畫，及國外學術團體從事漢學研究及交流，中央研究院也辦過兩次大型國際漢學會議。近來接任中央研究院副院長楊國樞先生也說，漢學研究是第二個重點，諸如此類，皆顯現出政府相當重視這方面的研究工作。

坊間介紹國際漢學的書不多，幾年前光華畫報雜誌社出版一本《當西方遇見東方---國際漢學與漢學家》，此書介紹德國、英國、荷蘭、美國等地重要漢學研究機構及

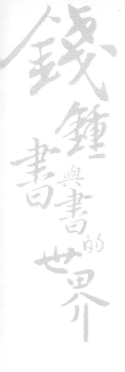

十一位著名漢學家，如杜德橋、侯思孟、伊維德、馬悅然等人，從中顯現出西方漢學家對於漢學的執著及耐力，有他山之石可以攻玉之借鑑。又如較早周法高先生的《漢學論集》（正中書局一九六五年）。此外大陸學者對於漢學研究之資料介紹及編輯，如嚴紹璗先生《日本的中國學家》、孫越生等人編《美國中國學手冊》、中國社會科學院編《蘇俄中國學手冊》、王麗娜編《中國古典小說戲曲名著在國外》等書皆是這方面的重要參考資料。

張堂錡先生的《域外知音》便是賡續《當西方遇見東方》的另一本介紹的書，張先生將發表在中央副刊長河版的「國際漢學家系列報導」及「面對當代學人」專欄，結集出版，這是學術界的福音。筆者以為國內學術界對國外漢學研究成果似乎不重視及注意，甚至根本不看在眼裡，這是值得深思及反省的。

筆者因有機會也能與此書介紹的學者對話，略知他們究成果及對漢學研究的投入。如高利克先生（Marian Galik）

《域外知音》書影

他研究臺灣幾位女詩人，曾拜訪席慕蓉並且錄影。在我們看錄影帶時，他介紹了席慕蓉種種事蹟及詩作意象表達。我提到「錢學研究」的興趣，他便介紹他的德國朋友莫芝（Monika Motsch），他近來研究《管錐編》的文章，收在他編的文集中，又剴切的説錢鍾書先生的學問研究，只有中國人才有辦法作，因為牽涉的範圍太廣。又如俄羅斯的李福清先生（Boris L. Riftin）有次與我提到他對楊柳青版畫的見解時，説中國人皆不收集年畫及對它不瞭解，令我聽了慚愧不已。美國的田浩先生（Hoyt C. Tillman）對諸葛亮研究的專注及用心，韓國柳螢杓先生對王安石的執著及鍾愛，皆令我對西方學人深入探索中國學問精神感到佩服。

本土意識抬頭後，國內的漢學研究會不會遭到漠識，這是值得探討的問題。因國內學術界對於漢學研究的投入並不太積極，而本土化的熱潮又正興盛，在衝擊下，從事中國古典文學者紛紛投入臺灣文學的熱潮中，並非不好現象，只是一些人對於臺灣本土的文獻、材料未完全掌握，便執起教鞭，令人感到憂心。同時也不能一味因潮流的關係，將中國文化視為洪水猛獸，這種心態值得再反省。

無論是本土化研究或是中國古籍的研究，都必須將眼光放遠，如本書介紹到日本學者若林正丈先生對臺灣政治的觀察及實地研究，便是一個最好的例證。又如美威斯康辛大學倪豪士（W. H. Nienhauser）最近將《史記》翻成英文（The Grand Scribes Records）已出版兩冊，從他們的註解中，看得出對於相關資料的收集及功力。這些研究成果皆是從事相關研究必須掌握及參考的。

此書可作為學子從事漢學研究探索的參考資料，筆者以為日本學人的介紹顯得薄弱，應該多增加一些。如中國思想、中國古典文學、

臺灣文學的研究者。本書另一個特點，是在書前介紹每個學人的學經歷及著作，但有些學者的著作已譯成中文出版，作者當花一些功夫把出版社著錄出來，使讀者方便參考。如高利克《中西文學關係的里程碑》（北京大學出版社,1990）、田浩《朱熹的思惟世界》（允晨文化出版公司,1996）、米列娜《從傳統到現代----十九世紀至二十世紀轉折時期的中國小說》（北京大學出版社,1991）、杜德橋《妙善傳說---觀音菩薩緣起考》（巨流圖書，1990）等等。此外，本書有兩次明顯錯誤，在一四九頁引用康士林先生的話說柳存仁先生為美國人學人，應是澳州，又是一七二頁提到為司徒琳先生取中文名字的李芳貴應為李方桂，這些可能是一時疏忽所致。

　　此書可開拓讀者視野，從學術研究角度看來，也可作為激勵的借鑑，使學術研究有多元性的比較及參考，這是此書值得一讀之處。

　　本文原登《文訊雜誌》第99期，頁9-10，1997年3月

杜德橋與作者於中央研究院

第十六章

啟蒙思想家林攀龍的《人生隨筆》

日據時期的臺灣知識分子，隨時光奔逝，他們的學術成就及貢獻漸漸為人們所淡忘，這是一種遺憾。生命的創設，在永恆的歷史軌跡中，倘若無人為之著筆記錄，乍然烟消雲散，無所找尋。今天我們站在歷史的軌跡中，感念這些文化的傳承，當結合群力去加以闡揚及研究。

霧峰林家在臺灣史上佔有舉足輕重的地位。身為林獻堂先生長子的林攀龍先生自然當為人所矚目，富豪子弟由於受祖蔭保佑，無論家產、權勢往往高於平民百姓之家，但也往往有敗家子弟的產生，這完全是家教所致。

林攀龍生於西元一九○一年（光緒二十七，日本明治三十四年），次年林獻堂任霧峰區長，二弟猷龍也出生。中國時值八國聯軍撤出北京，李鴻章過世。在這種時局出生於大家族中，林攀龍一生懷著憧憬為著理想奮進。他自小在國外求學，一九一○年由其

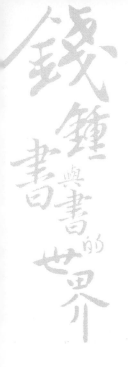

《人生隨筆》舊版書影

父帶著猶龍及他到日本東京小日向台町尋常小學就讀，而後便在日本東京帝大、英國倫敦牛津大學、法國索爾本巴黎大學、德國慕尼黑大學等學府進修。這種求學毅力及信心令人為之驚奇及讚嘆。他一生孜孜於學而奉獻於教育，我們探求其根本原因乃在於想提高人民之素質，這種心願是他人生關懷之一。

《人生隨筆》是林攀龍唯一出版的著作。一九五四年臺中中央書局出版，收有二十五篇文章，著者自己在尾聲透露出封面設計之寓意，在〈神獸之間〉一文中表述。封面是在一個「心」狀中有一匹馬作躍躍欲試狀，上有太陽照射，馬在日下又有陰影。我們不難猜出著者的用心，作為「心」即是「人」，在「太陽」（即是「神」）之下，互為影響。身為人便夾於神與獸之間，人有七情六慾，蠢蠢欲動，就是陰影的影射。如同孟子所說：「人之所以異於禽獸幾希。」因此著者說：「人，一方面有神性，一方面也有獸性。」人生於宇宙中受誘於五花八門世界，必然要克

制、克欲，如同心中那隻馬要有強健體
力及身心，克制欲望，在神性（太陽）
的輔導照耀下，發揮生命力，奔向目
標。這是著者全書精神所在。

　　著者長期在國外受教育，受西方文
化的薰陶，激發他對自己家鄉人民素質
的改變，及提升人民自主性，掃除日人
統制下的奴役性。譬如「一新會」的成
立，便是一個最好例子。著者勉勵人當
日日新苟日新，以今天向昨日挑戰之精
神，他以為抱著「今天一日主義」的觀
念過活，及把握今天時光努力邁進，不
必回想昨日的種種，也不必憂慮明日的
未來。這是「昨日種種昨日死，今日種
種今日生」的積極人生觀。

　　有了這一層人生奮進的種子，他
進而提出「人生大學」概念，他以為人
生大學的教師有書本、自然、人類、哲
學、藝術、宗教。這些皆是學習的對
象。而他以為人自己當有自由及謙虛的
心態。著者以為有了自由，人生才能去
吸收新知，他深深體知日據時期臺灣人
受日本人統制的不自由。自由的概念對

《人生隨筆及其他》書影

他而言是很重要的。藉著書本的知識精進，從他藏書便很容易理解。著者常常長途旅行與大自然接近，這在在顯示出著者對宇宙的興趣及探討。而哲學、藝術及宗教也是他所感興趣的。雖然此書著者並沒有系統闡述他的思想，但我們不難看出他心靈的廣度及深度。

而這些想法及理念發揮處，便是在教育上。著者任萊園中學校長曾花費許多心力，他以為當時「臺灣的私立學校，為數不多，也未鼎盛。唯在國外或過去我國國內，反而私立，才有好的學校。」而「私立學校，是民主精神的尺度。」這也是萊園中學在林校長掌舵下辦得有聲有色，辦學成績非常輝煌的主因。但隨時代的腳步更變，這所學校辦學方向完全改變，風貌全失，這不是著者所樂意看到的。

他相信「教育即是生活，生活即是教育。」生活與教育互為主體性，教育不完全就只是課堂上的授課，應將它範圍廣度拓展，應有「家庭教育、社會教育和向大自然學習的教育。」教育本質乃使學生的學習方向有多角度的選擇，五育並全，不是成天守於教室，只是死板知識的傳授。甚至提出「自我教育」的概念，自我教育本是養成教育的一項自我學習、自我訓練的教育方式，也是一種自我反省的功夫。這種體認及理念，就是他主持萊園中學辦學教育宗旨方針。

他認為「教育本義，不宜教人想什麼，乃在教人如何想法。」教育不僅僅只是傳授「是」的探求，更是「為什麼是」的追問，但這種教育方式往往無法如期推展，因為升學主義抬頭，學生在課堂上純為考試而念書。著者感嘆「同情現代學生所受考試的困擾」，我們不難理解辦學的希望至今也因考試制度，而有所調整及改變，這皆是升學壓力及時代改變所造成的。

他認為校園三要素「設備、教師、學生」，這三種互為一體性。但以「學生」為中心。學生與教師之關係如父母，他認為「好教師的精神，應接近良父母心情。」培養一個優秀學生，這種互動是積極的，也就是「學校教育」與「家庭教育」的不分性。不是將孩子放在學校便可了事，這種看法是幼稚的，不可取的。如同他所說「多數作教師是替父母擔負子女教育的責任」的無奈。著者懷著人格教育辦學宗旨，想使學生在校園中有高瞻志向、純潔奮鬥人生觀、人格心靈層次提升，這皆是「自我教育」的教學理念。

對社會的變遷，學生畢業面臨就業現實間問題，他曾為學生媒介工作感到心疲力盡，也因此想在學校附設工廠，給畢業生任職。「職業」概念，他認為和業務或勞動不同，「乃人們貢獻自己給社會之媒介，也發揮自己天賦能力的具體辦法。」著者教育理念原本在「校園教育」及「自我教育」賦予純重「人生服務」觀，為這大社會奉獻心力的養成教育，所以著者剴切的說：「無論從事任何職業，絕非孤立的私行為，它是社會連帶之一環，別忘了自己幸福和社會全體幸福，確有密切聯繫。」吾人敬佩著者教育理念，他認為自己謀職是小事，但從社會、國家是大事，這種胸懷的培養純是著者很理想的教育理念，其衝突性是很大的，同時實現性也是很小的。

著者對教育懷有如此神聖的理想性，故說：「教育即是人生，人生即是教育。」人生是一部大書，著者認為當要好好利用。但他負有使命及人生理想憧憬也可理解，由於家境的特別，在生活上便富有性靈上的修養，又具有宗教、哲學、藝術方面的涵養，因此著者強調多接觸自然，他在《自然與人生》一文引述巴斯葛（Pascal）的話說：

「宇宙包含著我們，人人是一粒渺小分子，但是，大家能把精神囊括全宇宙。」這種宇宙觀促使他認為大自然是偉大的、美好的，無論一花一草皆是生命精神的泉源，當多多去接觸它、與它學習，打開心靈的窗口，讓那新鮮的自然靈氣，灌入精神的谷底，這種自然生命的企求，向來也就是文人所企盼。他也想要過著「山中無甲子、寒盡不知年」的桃花源生活。但是在現實社會中無法實現，面對的是冷冰冰的社會挑戰及無奈。生活上對於財富的追求，著者以為當知足。「不知足的人，富裕也算是貧窮，知足的人，貧窮也是富裕。」由於霧峰林家的地位，再加上他為社會的服務熱忱，又著者心靈早受西方思想薰陶，因此追求精神面的生活，造成了他人生觀的底定，才能暢然追求精神上的理想。他也認為像顏回之徒壁生活「一簞食、一瓢飲、居陋巷；人不堪其憂，回也不改其樂。」也會樂在其中。可見他人生本質不會因富有與貧窮的差別，而對他人生哲學有所改變。

　　人生不免有苦惱，著者將它分成三種：活的苦惱；心理的苦惱；時代的苦惱。三種層次苦惱因人而異，平民百姓每日為謀餬口，為生活而打拚。大多數的人皆是為生活的苦惱。在於心理上，如為愛情而苦惱，又有為宗教信仰。至於時代的苦惱，這種特殊的大時局苦惱，並非平民百姓之家所關心。這種生命情懷想當然他必放在心上，又因國民政府的遷臺，日本統治的結束，著者見滿目瘡痍的情景，更體念時代的動亂對百姓的影響，也因此我們可理解著者對時代的苦惱。

　　著者也解析心理上的苦惱，他在學校主持校務，對於青少年心靈的空虛及對異性的追求也深刻的了解，他認為「愛情是天生的光輝，是地上的花朵，少了它，人群生活，全像沙漠一般乾燥。」著者認為

愛情的情感與友情、同情在內容上有差異。但三者之間存有它的相關性，就是「我」與「你」的關係，無論在愛情、友情上應互為一體。這皆是他的教育觀念及看法。

前已論述著者理想人生，他說：「人之生活，有了真善美的理想，才能提高價值。」更引述席勒（Schiller）話說「人們要抱負高遠的理想，才能發育長大。」這一層次的探索，著者是懷有大的胸懷，對於萊園中學學生的訓勉講稿上歷歷在目，我引述一段：「青年人應該抱著大志，青雲之志是青年的特權，但只是大志還不夠，同時更要有堅忍不拔的精神，青年人的情感，容易熱烈，也容易冷淡，容易樂觀，也容易悲觀。…你們青年人要知道偉人成功的要素，是堅忍不拔的精神，這在建築你們自己生活的房子和建築國家社會的房子之前，要事先擬訂一個正確的目標，抱著百折不撓的意志努力去做才好。」這是著者對學生的鼓勵及關懷，也不難看出他對萊園中學所費的心力。皆是延續

林攀龍訓勉學生手稿（一）

林攀龍訓勉學生手稿（二）

153

「一新會」宗旨的明證。

　　著者因個性恬淡，不喜歡酬酢，如同林攀龍先生治喪委員會所述《林攀龍先生生平事跡》「先生雖出身於鉅富世家，然生活儉樸，不善交際，公餘常以讀書、品茗、賞花、散步自怡，並喜出國旅行，資以開拓心胸，增廣見識。」他坦誠的說：「例假日，若遇清雅友來訪，我很喜歡。不過，因事商託而來的賓客，心頭就覺得有一點尷尬。」他認為「生活是個藝術」，故追求精神恬淡與世無爭生活。讀書向來是他的最大嗜好，手不釋卷，早年在外求學，藏書豐富，吸求知識的廣度，令人詫異。(註)

　　〈現代文明之考察〉一文揭露著者的科學觀，「科學能增進人類幸福，創造理想世界。」他以為科學功用在增進人類之幸福，它的潛在性仍然有其限制。因此他更強調「哲學、宗教、科學宛若人類的頭、心、手一樣。」契為一體。他強調要達到真知，便要拋棄主見，就如培根破除四個偶像，民族偶像；洞穴偶像；劇場偶像；市場偶像。這種科學知識的宣導，早在「一新會」便著手。他體念西方科學猛進，機械文明的進步，人類生活的改善。人們不能停留在知識愚昧農業時代，因此鼓吹科學知識的學習。他曾說：「將來科學征服月球、火星、世界文明，可能再次擴張至新地帶。」而人類早已上了月球，這在在顯示他對科學理念的追求及推展。

　　著者在〈臺灣〉一文中述臺灣的優越性，由於富有豐富資源，加上光復後，對於這塊土地更有甚大期望。著者以為臺灣「寶島」（美麗島）應改「傑人島」才適合。他以為「要建立民族復興基地，及民主精神堡壘，不可單憑物質，尚需『傑人』資源。」這就是他認為必

須要對平民教育宣導，傳受西方知識，增加他們的知識領域的用意。
自己又是教育領導者，當時當局視臺灣為光復大陸基地，他早年便參
與政治事務，深深體會這塊土地的使命，這種心境我們是可以理解
的。

　　總觀林攀龍先生做為一個啟蒙思想家、教育家、企業家，在臺灣
的知識分子中是很早推動平民啟智思想的功臣，雖然他沒有系統性著
作，但《人生隨筆》一書不難看出他對人類文明、科學知識、平民教
育、人生體認，皆有超人之見解。他對教育推動私人辦學理念，並奉
獻心力及時間，儘管時代的改變，私人辦學之困難，導致萊園中學辦
學理念的改變，令人惋惜。他淡泊名利，不喜歡應酬，隨時代腳步的
轉移，他的思想理念及人生哲學也漸漸為人所淡忘。我們試圖從《人
生隨筆》體念這一位七十年前隻身到他國苦讀青年，戮力求知，衷心
返鄉奉獻心力的行為，令人感動至極。

本文原登《書評》雙月刊第29期，頁33-37，1997年8月

註：林攀龍先生藏書相當豐富，霧峰林家後代林博正先生已在七十九年
　　七月將其尊翁藏書捐贈給中央研究院中國文哲研究所圖書館收藏。
　　另見林耀椿《霧峰林家贈書整理──兼談林攀龍先生》（《中國文
　　哲研究通訊》第三卷　第三期　頁59-67，1993年9月）

一、前言

　　雅斯培（Karl Jaspers）是當代著名教育家亦是哲學家，他推動哲學教育工作，在西方哲學界中有舉足輕重的地位，他把哲學工作推廣為大眾知識，他常說：「把哲學從大學裡帶到市場上是他的目標之一。」由此可見，哲學思惟工作與大學教育是互為表裡的一項重要工程。我們試圖觀察今天教育制度的規格化，使學生沒有很大思考空間，造成不能獨立思考，如同康德所說：「我們不是學哲學，而是在學哲學思考。」（頁77），亦就是說今天大學教育當讓學生有獨立思考空間及學習獨立自主的能力，這才是教育重要工作一環，雅斯培在《雅斯培論教育》中一再強調及論述。

二、教育的意義

　　首先，我們要問大學教育的意義所在，由於當前社會隨著經濟繁榮及政治社會變

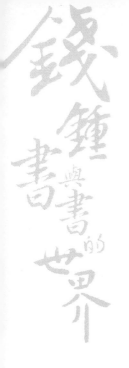

遷，學生價值觀念的改變，大學教育當然有很大的挑戰性，當前教育的棘手問題，比以前更為嚴重。學生追尋物質欲望，成日逃課、誤入歧途、為非作歹，令人難以想像。雅斯培說：「人的教育重複發生在每個人的身上，透過這個人類賴以生長並具歷史性的世界，然後在此世界透過父母及學校有計劃的教育。」可見教育意義的嚴謹及神聖。雅斯培用德國人的民族性及歷史來論述教育，雖然不能全然的放在我們教育體制，但他山之石，可以攻玉，作為我們教育的借鏡。所以他提到必需注意以下幾件事情（頁22）。

1. 科學和教育
2. 自由和權威
3. 規定和學習
4. 精神內涵
5. 歷史
6. 德國歷史
7. 政治教育

著者以為科學教育的重要，透過科學教育，我們將成為學有專才的人。

《雅斯培論教育》書影

的確，科學教育方式是當前我們體制較為薄弱的，同時學生思考方式又受囿於傳統思惟，所以這方面的教育方式有待改善。其次，自由的教學方式是重要的，雅斯培說：「孩童必須從小開始就在自由方式之中教育他們，讓他們自己清楚學習的原因，而不是因為出於服從來學習。」（頁23），我們以為教學當採用自由方式，不是權威式的教學。以前填鴨式的教學制度，造成許多弊端，沒有讓學生有思考空間。著者同時認為「教育須要透過不斷的訓練才能日常生活化，否則只是空談和欺騙」。亦就是說理論及實際的訓練，在不斷訓練中，才能顯現出教育的功能，達到師生互動的目的。

精神內涵的重要性，是當前教育最為重要的一環，因為學生沒有認識自己，造成心靈的空虛。學生往往受了一點小小的挫折，便會做出不可思議的事情，學生自殺事件不斷的重演。為了感情的挫折，學業的不進步，學生與學生之間的衝突，學生與父母的代溝……等等事情，如果教育能使學生心靈有完美的感受，那麼他在人格精神內涵中，就不會有許多不必要的衝突事件發生。所以著者說：「精神的內涵藉著藝術品及書本，靠著文學及藝術的獨有的創造性的傳承，進入人的心靈」（頁23）。中國傳統教育往往本著人文涵養的教育方式，同時我們亦有這方面的豐富資源。著者引用孔子的教育理念，他認為：「孔子認為禮和樂是教育最重要的因素，流行的音樂對整體的精神有決定性的影響。」（頁48），音樂能使學生有多樣式的心靈感受，藉著音樂的功能，使學生心靈更有寬裕的思考空間。除此之外，藝術化的教育，仍可藉美術、舞蹈、雕塑等各種方式。中國的藝術資源相當豐富，如果我們能充分利用在教育體制下，相信我們學生的心

靈必是充實的。

　　著者認為教育要注意歷史。我們以為教育本是讓學生能充分認識歷史。著者認為：「它和個人的過去以及民族和人類的生活是不可分的。」，唯有使學生認識自己國家過去種種，從中去體受先人在歷史洪河中的種種事蹟，這種教育相當重要。從歷史教訓中去觀察朝代如何轉變，執政者與臣、民的互動關係，種種教訓，從歷史事件去吸取經驗做為借鑑。故著者說：「對過去我們看得愈清晰，未來發展的可能性就愈多。」

　　政治教育在教育過程中是不可少的，讓學生對於政治事務有成熟的見解及理性的判斷能力。現在政治界充滿許多詭異的意識型態，這種政治的動向往往是不健全的政黨，當我們邁向成熟的民主政治時，教育的任務當然負有極大的擔負。著者說：「政治教育所要訓練的思想方式，……盡力為真正的政治，即自由的政治服務。」、「政治思想需要知識，政治的教育需要研讀書籍。」（頁28），當我們國家的政治邁向多黨政治時，政治教育的使命更為重大，同時責無旁貸，因為有健全政治教育，才能使學生對政治事務有理性判斷能力，這是教育重要另一環。

三、大學任務

　　前面我們簡要論述教育意義，從清華大學校園殺人事件看來，女學生為愛情失去理智，我以為是人文教育的欠缺，亦就是說學生在內在本心中，對於感性與理性之間的衝突性，沒有駕馭能力，因感情的衝擊導致理性的思惟能力衰退，被感性的愛情所蒙蔽，造成悲劇的發

生。這樣的教育現象是冰山一角，實令人反思。

雅斯培討論大學任務有以下四種：（頁68）

第一是研究教育和事業知識的講課

第二是教育和培養

第三是溝通精神的生命

第四是學術世界

以上這四種大學任務，除了知識的學習之外，便是精神生命的建構。雅斯培以為溝通的工作相當重要，故他說：「大學要有溝通才能成為一個真理的生活。」（頁87），亦就是要人與人之間彼此之交談，「如果我們真正能彼此交談，我們就走進了真理之源。」（頁89）這便是達到有「溝通」的工作。

所以他認為溝通必須有以下兩種準備條件：（頁87）

第一是辯論與討論

第二是合作

第一種是溝通必會產生的現象。學術殿堂無論是知識的傳遞不免有辯論的情形產生。老師與學生之間對於知識的辯論，往往是會劍拔弩張，亞理斯多德說：「我愛吾師，我更愛真理。」我以為今天教學上，對於這樣辯論的場面，是很少有。往往由老師做單向的傳授，而學生亦沒有反問問題的勇氣。這種教學方式，當然不容易達到教學相長的功能。第二種合作，亦是溝通必備的。雅斯培說：「合作是學術的溝通，讓研究的動力、清晰性及吸引力都達顛峰狀態。」大學本身除了教學外，當然有學術工作的推展，這其中便要有學生參與計劃的工作，所以說合作是學術研究計劃工作的重要一項。以上論述是大學

任務達成之條件。

四、結論

　　我們從雅斯培此書所看到他論教育意義及大學教育任務，著者藉德國的民族性，剴切論述教育種種的重要，他以多元化方式來闡述教育與學生之間的關係，涉及民族性、國家意識、政治理念……等種種。難能可貴的是他以孔子《論語》的語句來說明教育與藝術、經驗及生活次序的關係，可見孔子的學說在雅斯培的眼中是值得吸取的。

　　當前教育制度每每改弦易轍，換一個主事者，往往會改變許多政策，這是值得反省及檢討的。其次，校園師生之間，存有許多互動的、互勉的關係。由於學生在懵懂的階段，老師當用循循善誘方式將學生導入正途，社會是一個大染缸，再加上學生沒有判斷能力及經驗、歷練，這些弱點都必須在課堂上借知識的傳達及講授。雅斯培以一個哲學家來論教育，其所使用的方式，當然用哲學思考方式，他說：「大學生的哲學課程應該是自由的，不應該被任何人強迫。」可見雅斯培教育方式是自由開放，而不是硬性強迫的。教育是百年大計，為了使我們學子在知識的視野更大及深厚，同時使每個人的身心更健全，雅斯培提供給我們許多教育的方法及理論，值得我們學習參考。

本文原登《書評》雙月刊，第36期，頁43-46，1998年10月

第十八章

簡評《東海大學圖書館藏和刻本線裝書簡明目錄初稿》

東海大學創校已五十周年,在歷史長河中,這所大學在臺灣教育史上,佔有舉足輕重的地位,培育了無數人才,在上世紀的五十年代是學子所仰慕的學校。一所大學之所以為人所重視,除了師資及硬體吸引人外,圖書館的館藏及特色更是重要因素。我們目前所能看到幾本該校圖書館館藏書目,便能看出這所學校在草創五年當中,便擁有傲人的館藏古籍,吾人將三本書目分別臚列以下:

1. 《私立東海大學圖書館中文古籍簡明目錄》私立東海大學圖書館編 1960,12

2. 《私立東海大學圖書館中文線裝書目續》私立東海大學圖書館編 1961

3. 《國立中央圖書館 國立臺灣師範大學 私立東海大學普通本線裝書目》國立中央圖書館等編印 1971,6

我們從這三部書目,便很清楚看出該校

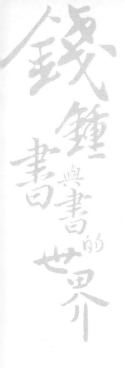

《私立東海大學圖書館中文古籍簡明目錄》
書影

當時對古籍收輯的努力。就以鎮庫之寶的宋刊本，也是臺灣唯一孤本的《西漢文類》來說，是宋朝紹興十年（1140）由陶叔獻所編，在古籍中傲視群雄。編輯古籍書目是一件功德無量的事業，任何一個出色的漢學圖書館都會有一部館藏古籍書目，這豐富庋藏便可吸引讀者對於圖書館的使用。但要編輯古籍書目是相當艱辛的，不但要對每一部古籍要掌握精確的版本，更對該書的流傳經過，更能瞭若指掌，對於版本各項注錄更要小心翼翼，否則便會以訛傳訛，造成後人在引用的錯誤。在東海大學創校五十年之際，謝鶯興先生辛勤的編輯這部書目，令人慶喜，謝先生是資深的館員，又是版本學家，長期對於東海大學的古籍整理不遺餘力，這部《東海大學圖書館藏和刻本線裝書簡明目錄初稿》（以下簡出《初稿》），相信費了他不少心力。現在呈現的這部《初稿》，使我們更進一步的對東海大學「和刻本」古籍進一步的掌握，同時對於這一百餘種「和刻本」，每種之版本註錄都能清楚

臚列，這是令人贊佩的工程。

中、日、韓三國在文化交流及影響是密不可分，尤其是古籍刊刻上，故有「和刻本」及「高麗本」等名詞。所謂「和刻本」一般是指日本翻刻中國古籍或日本人編撰刊刻的書籍。若依王寶平《中國館藏和刻本漢籍書目》的定義便較為嚴苛，他認為「和刻本」是指「廣義的和刻本一般指下迄明治時代日本刻印的中國漢籍；狹義的概念指寬永（1624-1644）以後江戶時代出版的漢籍。」編者在《初稿》編輯說明將「和刻本」定義如下：「係指舉凡日本人之撰寫、譯註、翻刻、影印、刊行、或書中凡見日本訓讀（標音旁註）之類皆屬之」，顯然這樣的界定是放寬的定義，與王寶平的定義，截然不同。謝先生在〈後記〉說《初稿》是應潘美月先生倡編《臺灣地區和刻本聯合目錄》而著手編輯的，如果依謝先生的《初稿》的界定，那未來要編的《臺灣地區和刻本聯合目錄》對於「和刻本」的定義勢必要重新擬定範圍，否則，各館對於「和刻

高麗本《家禮增解》書影

和刻本《五經筆記》書影

本」的定義都不同，屆時對於《臺灣地區和刻本聯合目錄》的編輯便會形成多頭馬車，相信謝先生對於這樣的意見，應會有相同的看法。

現在吾人僅就《初稿》的內容提出幾點淺見，僅就教謝先生：

一、該館對於「和刻本」的善本，沒有明確的界定。那些版本要列善本，那些不列入，在該書的註記上有需修訂。如《初稿》頁12，《天文本論語》列為善本，頁4的《尚書正義》一書雖然據日本弘化四年影印，卻不列為善本，謝先生在頁6說明「據其紙張觀之，則可能遲至民國重刷或影印了」，也就是不能依該書的序文或牌記等項去判斷刊刻年代，僅依紙質判之，這雖是一項方法，但往往是會失去準確度的。又如頁 24 《資治通鑒》（日本天保七年）及頁29《皇明正續通紀統宗》（日本文政十二年）、頁93《簷曝雜記》（日本文政十二年）、頁99《塵餘》（日本弘化三年）、頁136《藝苑名言》（日本文政九年），這些都超過百年的「和刻本」沒有列入善本，這部分可能需再商榷。

二、頁31《懲毖錄》是朝鮮人著作，前標示「和、朝、善」，但在頁120《大東詩選》也為朝鮮人輯，前標示卻為「和、鮮」，這在體例上可能要修正。

三、吾人以為《初稿》有幾種將來再修訂範圍時，不宜列入「和刻本」的行列：

1. 頁37《櫟社四十年沿革志略》這樣的書籍是鉛印排印，雖然「編輯說明」原委，但像這樣的書籍是不宜列入「和刻本」。

2. 頁37《柳如是事輯》鉛印本也是不宜列入「和刻本」。

3. 頁51白川靜編《金文集》，此書為《書蹟名品叢刊》，為二

玄社印本，此書應不是線裝本。故也不宜列入「和刻本」。

4. 《初稿》中頁140-250及頁254-287所列為《大藏經》的細目，佔了《初稿》的一半篇幅，臚列細目若能用阿拉伯數字依序排列，使整個書目更加清楚，對於讀者使用較為方便。

該書在編撰過程中煞費苦心，從每條條目便可知道，同時又編了一個索引，以利閱覽。同時對《國立中央圖書館 國立臺灣師範大學 私立東海大學普通本線裝書目》簡稱《普通本》一書，訂正了許多錯誤，吾人現將臚列以下：

1. 頁11《春秋非左》 在《普通本》頁7為日本昭和三年，現改為日本明和三年。

2. 頁31載記類 在《普通本》頁28注入戴記類，現已更正。

3. 頁33《琉球新誌》在《普通本》頁28為日本明治六年（清光緒十二年）煙雨樓刊本，現改為清同治十二年煙雨樓刊本。

4. 頁47河田熊編《靜嘉堂秘籍志》應為河田羆，《普通本》頁51為河田熊編，現仍誤植河田熊編，應修改為河田羆。

5. 頁49《唐宋精華》在《普通本》頁53為大阪市山中山會攝影本，現改為大阪市山中商會攝影本。

6. 頁86《唯識論同學鈔》在《普通本》頁79為日本延寶七年（清康熙十八年）京都永田長左衛門刊本，現改為日本明和七年（1770）（乾隆三十五年）京都永田長左衛門刊本。

7. 頁117《海珊詩鈔》在《普通本》頁109為民國十一年日本雅聲社鉛印本，現改為昭和二年（民國十六年）雅聲社鉛印本。

從以上的修訂便可知道，這部《初稿》它並沒有依舊有的目錄或

舊卡片謄錄，而是細心與原書核對後才注入的。

　　吾人從書中發現一件有趣的事，東海大學圖書館接受各方的贈書，如徐佛觀、戴靜山、周子範、張毅庵及李田意等人的藏書，我們或許可從這些藏書中，發現這些學者在藏書中批語，多多少少可以知道他們的軼事。筆者當年在大肚山讀書時，每每在徐復觀先生贈書專室中徘徊，見到這位大學者精闢的批語，徐先生在《毛澤東選集》的批語，現仍歷歷在目，這位曾待過奉化侍從室的秘書，後來投入學術界教育英才，渠氣勢凜然都能在書中的批語紛紛看到。筆者未能見到張學良的贈書，不過在《初稿》頁14中便有張學良藏書《四書訓蒙輯疏》，書中有批語「毅庵四十八年夏購於台北最後一冊缺」，這條記錄便可窺出當年張學良在台北的活動，假若有學人或學生有心從張學良的藏書中，將批語一一抄錄出來，或許可以見到這位當年叱吒風雲的人，在那段歲月裡的蛛絲馬跡。

本文原登《全國新書資訊月刊》第93期，頁24-26，2006年9月

第十九章

留些好的給別人

「留些好的給別人」這句話聽起來似宗教家的話語，在道場上時常聽見司空見慣並不稀奇。可是落在世俗眼光中，這樣的話就覺得很弔詭。原因在於人都是自私自利的，中國傳統性善及性惡爭辯中，這句話顯然要強化人的性善本質，所以「留些好的給別人」當然是以寬弘度量善待他人，並非全為自己著想。

「留些好的給別人」是吳宏一老師著作的書名。書名源於一個畫家的母親小時候要他去買橘子，特別交待說：「要留些好的給別人，不要把好的全挑光了。」這本書收入《明月文庫》是香港明報出版社出版的一本散文集，文章大都發表在《明報月刊》中。收入的文章談往事，述情義，暢述他這十幾年在台灣及香港等地的生活感受及對教育的使命和對政治的憂心，更感傷談述人的無奈，他面對失明的人生處境，及看待人、事、物的無情及有義。

吳宏一《留些好的給別人》書影

吳宏一主持（右）、鄭因百演講（中）與
王叔岷（左）於蔡元培館

吳宏一老師從民國七十八年接下中央研究院中國文哲所籌備處主任，便單槍匹馬赴南港籌設這個眾所矚目的研究所。中研院從蔡元培創院以來，到胡適都未曾設立文學研究所及哲學研究所，故在眾人期盼下，終於正式成立。剛剛成立的籌備處還借史語所辦公室辦公，一年後換到蔡元培館辦公並且招攬人員。他在書中說：「無論是教書、寫作或行政工作，我捫心自問，都是全心全力投入的，雖然不敢說到了廢寢忘食的地步，但我真的已經盡了心力。------可是我卻一再看到人性的自私和醜陋。」可見他的熱誠及犧牲的態度。我這個十六年前從南部北上求職的人，當時並不認識吳老師，我在自傳中誠懇的表述自己求職的希望，吳老師會認為我是一個大學生為一個技工職肯來工作表示疑問，曾賜函要我來南港看看再說。文章中所表述的有許多便是他在任主任時所遇到的待遇及挑戰，我身為參與人員，回首當年他草創的艱辛及如何規劃付出的心力，點滴在心。譬如他原

本規劃民間文學資料蒐集及彙整，我們這些年輕人便隨他到高雄、臺南、埔里、鹿港等地採訪詩社及拜訪詩詞吟誦的耆宿，亦到大學中文系舉辦座談會交換心得，可惜這些及臺灣戲曲、說唱、謠諺、民歌的蒐集，後來因他辭職都停頓，爾今這些卻是中文系及臺文系熱門的課題。

　　吳大猷院長對於這個研究所的支持及協助，相信後來加入的人員是不會知道的。這位為人耿直終身奉獻臺灣科學教育的物理學家，令人懷念崇敬。每次聽吳老師說要與院長見面，都是為所務的推展與吳院長溝通。當時吳老師辦公室有兩個存放文件的老鐵櫃，和會議室的大桌子都是吳院長在科導會的舊東西，是吳院長要他看看文哲所能不能利用的東西。他有一回籌辦一個國文研習營，參與者都是中文系的優秀學生，除了邀請當時的設所諮詢委員與學生談做學問的心得外，另邀請吳院長演講，吳院長竟然答應，講題為《學術與誠實》，吳院長常說：「因為誠實，我

前排吳宏一（左）、吳大猷（中）與李模（右）於中央研究院

吳宏一老師與研習會的學者

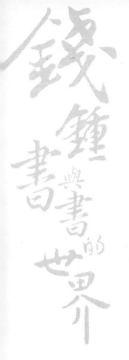

中央研究院中國文哲研究所籌備處

中國文藝研究所籌備處 五年研究計畫書

一厲害
1.依據總統府秘書長（刊）華總（一）智2252號函及行政院台
七八科18875號函成立籌備處。

2.有關漢學之研究，多年來已成為世界性之學問，中國文學與哲學，實為其中重要之學問，廣義之中國文學，包括經學、哲學及狹義之文學在內。經學與哲學之著作，為數千年來中國思想之結晶，其中儒家思想即為大多數知識分子安身立命之依據，狹義之文學……

台北南市區研究院二段一二八號 書 籍
五二二一三二二二八六七

吳老師撰中國文哲所籌備處
五年研究計劃書

這一生沒有留下任何的遺憾。」這個講題到今天這個紛亂社會中，聽起來宛如洪鐘。這是吳院長對中文系學子的期望及勉勵，也可知他對這研究所的鼎力支持。

當一個人將面對暗無天日，與黑暗相隨的日子時，內心的痛苦可想而知。吳老師因右眼視網膜剝離加上行政業務的壓力，及一些無謂的瑣事，使得他精神疲憊，我們都看在眼中。一個人甘心奉獻一個事業，為某個理想奮鬥，卻遭受到旁人的蜚言蜚語，這是無奈的。他每日與吳院長秘書那廉君老先生，共搭一部公務車上下班，加上台大又有課，兩地奔波，備極辛苦。當他辭掉籌備處主任後，便安心養病，他「擔負了許多痛苦和誤解」也不願辯解。

這些年來吳老師都在香港中文大學及城市大學教書，也為研究院擔任諮詢工作，但他仍叨念這個他一手創立的研究所，對於臺灣的政治、教育都關心著，他總認為「教育是良心事業」，他所參與的國立編譯館編撰的教科書，後

來因多元化的教育體制，均停止使用。這些年來臺灣社會丕變，道德觀念淪喪、價值觀念偏差、倫理失序，都源於人性的貪婪及自私的惡果。人的自私心愈重，衝突也就愈激烈。吳老師面對知識分子彼此的爭鬥及無情的攻擊，萬念俱灰。「留些好的給別人」，這句話來自不識字的畫家母親，當我們細思這句話的哲學涵意，體會為人著想的雅量，他不只是宗教家的情懷，亦是人的品格最基本的修養，或許這是吳老師取用當書名的用心所在。

人物描寫

第二十章

霧峰林家贈書整理

——兼談林攀龍先生

1990 年7月中央研究院中國文哲研究所正式成立籌備處，暫時借用蔡元培館辦公。七月豔陽，溽暑蒸人，洪爐鑄劍，吳宏一老師要本處楊晉龍先生、劉少雄先生、周純一先生與筆者四人進行整理「霧峰林家贈書」。這一批圖書（計54箱）是透過秦賢次先生的介紹，因秦先生服務於明台產物保險公司，而負責人林博正先生正是林攀龍先生嗣子，據秦先生說這一批書放於霧峰林家，沒有妥當保管，遭人偷竊不少。本所成立籌備處之際，便幸運的受贈這一批書，有許多的珍貴圖書，彌足珍貴。

這一批書絕大部份是林攀龍先生的藏書，含中文、日文、英文、德文、法文，從文學、哲學、歷史至經濟學、社會學、政治學-----琳瑯滿目，足見先生的學識廣博。經過了幾個月，整理出一份清單，計中文書籍2258冊、中文線裝書508冊、西文2248冊，總計5314冊。中文線裝書應是林獻堂先生（灌

林獻堂先生藏書
《出使美日秘國日記》書影

林獻堂先生藏書《史記評林》書影

園）的藏書。書上有「萊園藏書之印」的印章，從書目清單看來，線裝書是經、史、子、集之部，令人可惜的是有些殘破不堪、又不完整。只有一部明治32年東京青木嵩山堂印的《增訂史記評林》較為完整，又一部《出使美日秘國日記》存五冊，此書是清朝崔國因出使美國、西班牙、秘魯大臣日記，而獻堂先生亦在1927年率次子猶龍環球旅行，而攀龍先生人正好在英國故陪他們考察歐洲各國政治、經濟、社會等狀況。筆者於此有感當年他們父子兩人出遊旅行前與親戚發軔照片、歸國又有洗塵的大會會照，相當轟動，又從倫敦、巴黎、德國萊茵河畔三人合照、更顯有「踏遍五州」的豪情壯志，而這一年半（1927年5月－1928年11月）所漫遊的國家有那些，考查政經情形又如何？筆者以為在《灌園先生日記》應有詳實記錄，有朝一日這部日記的出版便可一目了然，有助於研究當年獻堂先生出遊的終極關懷。

除了線裝書外，日文書幾佔贈書一

半，有些是1921年至1925年日本留學所購，日文書不外是文學、社會科學、德語和法語學習課本，由此可知他早有遊學到歐洲之計劃，故在1925年東京帝大畢業後又往牛津大學攻讀文學、宗教及哲學。

我們整理這些書時，有一共同認識，無論片紙隻字，凡是從書箱找出來的東西皆得保存，因此我們收集到新書書目、名片、相片、演講稿、信箋（明信片）、日記本、札記本。臚列於下：

1. 新書書目：這些書目，徵訂單應是1921-1928年前後市坊間出版的圖書，有助於研究林攀龍的思路。

2. 名片：不同階段的名片，如其中有一張應是日本留學時用的，背後印有住址：東京市淀橋區西落合一，二二九，前只有林攀龍三個字，另有私立萊園中學校長名片，明台產物保險公司董事長名片等幾種。

3. 演講稿：大都是任萊園中學校長時，開學的講詞。

4. 信箋、明信片：這部分資料大

林獻堂與長公子攀龍（左）次公子猶龍（右）環球旅行攝於巴黎

林獻堂與長公子攀龍（右）次公子猶龍（左）環球旅行攝於倫敦

都夾在圖書中，保存並不多，如蔡培火一封、顏水龍一封、高天成二封、及秦賢次先生後來確定為林雙吉給林攀龍先生的信、及一些筆者不識，就不一一列舉。其中一封是林獻堂先生夫人楊水心女士給攀龍先生的親筆信，最為珍貴。

5. 護照：這一本護照有相片一張，是到英國牛津大學用的，1925年6月23日抵達英國。英文名字為RIN Hanryu。

6. 相片：有楊水心女士獨照一幀、林攀龍先生半身照一幀、林獻堂先生與攀龍、猶龍在巴黎合照一幀及幾幀林曾珠如女士（攀龍先生夫人）參加第一屆國民大會臨時會相片。這些相片大都夾在書籍中，沒有被發現，因此賴志彰著《台灣霧峰林家留真集》就遺漏，在文獻上相當珍貴。

7. 日記本：這一本日記當初我讀時便判斷為林楊水心夫人用的。大體上皆記載日常生活上的雜事。時間是昭和17年即民國31年（1942），這一年12月27日是櫟社創立四十週年在萊園紀念會，但日記上是空白的。這一年日記並不是天天有紀錄，有的隔了好幾天，甚至月餘才有文字，文字皆簡短扼要。值得一提乃這一年4月1日林博正先生入小學，日記上記載如下：

本日午後二時，博正入霧峰國民學校而猶龍引博正去後，

我與主人（指林獻堂先生）亦去。

由此處知林獻堂先生夫婦對這位孫子疼愛如命，一有疾病（發燒）便急請醫生診治。而這些疼愛孫子的舉動，皆在這位慈愛祖母的日記上時時出現。與林家常往來的朋友如陳炘、楊肇嘉、楊雲萍等人亦有他們的蹤跡。

8. 剪報：大都是德文、英文、法文及日文。其中有兩篇日文文章為攀龍先生所撰。一為〈新台灣の建設は地方より始あよ〉為下篇缺了上篇；二為〈為人生の目的を正しく認識せよ〉上篇缺了下篇。另外有「一新會」成立及週年新聞報導。

9. 讀書札記：大部份為習英文及法文的讀書筆記。

10. 梁啟超先生的〈梁任公萊園名勝十二絕墨跡〉影印本：這是攀龍先生影印廣為流傳的，他在前言說：「所題詩章，識者皆以不獲佳句為憾，茲特影印，同饗同好。」一窺當年（1911）梁任公來台下榻霧峰萊園五桂樓與詩人墨客吟詩歡談的紀錄。這十二首詩梁任公已收入《梁啟超文集》之四十五下，詩題為〈萊園雜詠〉。文句略有不同，又原件中的墨跡有題跋語，《梁啟超文集》中並沒有全部收入，因此一一分列如下：

其一

   人物自是徐孺子 山林不數何將軍

梁啟超萊園名勝十二絕墨寶

梁啟超來臺在船上與女公子梁令嫻合影

林獻堂與櫟社第七回壽椿會攝於東山
（今台中太平市）吳子瑜宅中間女士是吳燕生

稍喜茲遊得奇絕 萊園占盡月三分
辛亥三月薄游臺灣主霧峰之萊園
獻堂三兄屬題園中名勝得十二絕句
啟超

其二

春煙漠漠雨瀟瀟 劫後逢春愛寂寥
誰遣蜀魂啼不了 淚痕紅上木棉橋
題木棉橋　　飲冰

其三

縠紗浣罷月華明 荇帶蒲衣各有情
我識蓬萊清淺水 出山原似在山清
題擣衣澗　　飲冰

其四

娟娟華月霧峰頭 氾氾光風五桂樓
傳語王孫應好住 海隅景物勝中州
題五桂樓　　任公

其五

一池春水干誰事 丈人對此能息機
高柳吹綿鴨穩睡 荔枝作花魚正肥
題萊園小習池　　飲冰

其六

一灣流水接紅牆 自憩圓陰納午涼
遺老若知天寶恨 新詞休唱荔枝香

荔枝島上有歌臺 飲冰題

其七

澹霧籠絲月上陂 曉來春已滿南枝

君家故事吾能記 可似孤山鶴返時

為獻堂題萬梅崦　飲冰

其八

望月峰頭白露滋 南飛烏鵲怨無枝

不知消瘦姮娥影 還得娟娟似舊時

題望月峰　啟超

其九

綿綿列岫煙如織 曖曖平疇翠欲流

好是扶筇千步磴 依稀風景似揚州

千步磴最高處即目　任公

其十

小亭隱几到黃昏 瘦竹高花淨不喧

最是夕陽無限好 殘紅蒼莽接中原

夕佳亭同 獻堂晚眺　啟超

其十一

久分生涯託澗邁 薑鹽送老意如何

奇情未合銷磨盡 風雨中宵一嘯歌

考槃軒為主人讀書結客之所　飲冰題

其十二

鶯咤鳳靡送年華 頗識吾生信有涯

林楊水心給林攀龍家信

惆悵無因成小隱 賣書猶欲問東家

居萊園五日明發行矣黯然頗難為懷賦

此留別且為他日重遊之券 獻堂三兄方

家哂正 辛亥清明後二日 梁啟超

　　林攀龍先生號南陽，生於1901年5
月2日（農曆3月14日，即清光緒27年，明
治34年），幼年隨鹿港施家本先生學習
四書五經，十歲（1909）便與二弟猶龍
到日本求學，1921年入東京帝大法學部
政治科，在學期間發表文章於《台灣青
年》、《台灣》等刊物上，1925年東
京帝大畢業，攀龍先生求學心切，又喜
愛哲學，「乃懇求雙親同意前往歐洲繼
續深造，雙親恐在兒女中失之公允，頗
感為難，終於放棄繼承家產為條件，始
獲首肯。」同年進牛津大學攻讀文學、
宗教及哲學。1927年林獻堂先生攜猶
龍到歐洲考查，攀龍先生正好在英國陪
他們。在我們收集信箋中有一封是林楊
水心女士給攀龍的信，也就是這一封筆
跡，筆者更確定那一本日記本為林夫人
所用。筆者以為這一封信相當珍貴故照
錄如下：

梁啟超與櫟社諸友在台中公園物產陳列館前
攝影紀念

攀龍吾兒收知。長年不見面。渴
想殊深。自汝 父親及汝弟離英往美。
吾兒當感寂寞。實甚然矣。然母之思
兒更甚於斯也。前接來函。謂待秋間
方回鄉。但母之意。欲兒速回。如有
好都合。可於初秋到家為佳。勿致母
心憂慮是切。前託杜聰明博士帶回之
香水經已接受。可免介懷。惟自英寄
回之書物箱。汝父親未出發漫遊之
前。先接兩件。而歐美出發後再接到
五件。計家中接收者。現有七件。未
悉兒所寄計幾件。途中有遺失否。可
查明發送期日及件數。是切。亦無不
可。何必長往外國乎。兒其速回勿增
我憂。是幸。身體宜善自保重為盼。
六月六日母特諭

杜聰明書法

　　這封信沒有載明年份，但可推斷為
1928年攀龍先生結束牛津大學學業後，
又進入法國索爾本巴黎大學，選修哲學
與文學課程，而信中提到研究佛語（法
語）便可推知。又這一年林獻堂先生與
孩子在歐洲，推斷更正確。為人父母愛
子心切，終年沒有見面，他自十歲便到

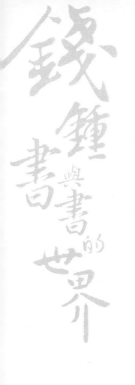

日本求學，身為母親當然思念，信中之言令人為之同情。這一位好學的讀書人，因母親思盼，故在1929年返臺渡假。1930年3月1日陪他父親、蔣渭水、蔡式穀等人赴台北鐵路局飯店會晤國際聯盟派遣來台調查臺灣鴉片問題的三位委員，攀龍先生任翻譯。同年4月再赴德國慕尼黑大學進修，直到1932年自德國返台，結束這漫長求學生涯。

　　回國後，他便組織「一新會」，其主旨在「促進農村文化，廣佈自治精神，以助建設新台灣」，他要使「霧峰莊美化」、「使一般智慧在與向上」，依1932年的《臺灣新民報》報導：『總會會場的前面，懸有種種的標語，橫披寫著「清新之氣再造臺灣」對聯一邊寫著「生活至上主義」一邊寫著「對大眾無欺騙」』並有一連串的活動如「兒童親愛會」、「通俗講演會」、「讀書會」。這便是攀龍先生在海外努力求學的希望，再造臺灣，企求提高霧峰莊人民生活品質、生活教育、人民的心靈。據報導宣傳會員總數三百人，男子

霧峰一新會主辦第一回夏季講習會

二百三十五人，女子六十五人。成立一週年即1933年，依《臺灣新民報》報導「一新會週年紀念祝賀盛況，觀眾人山人海，大博一般好評」，慶祝活動從3月18日起到20日計3天，「在一新會館前，有建設綠門、掛大書清之氣再造台灣，霧峰一新會之牌額，而每次舉會的時候，不但霧峰莊民、附近的村落，多往參加。有擁擠不開之盛況」，連續三天活動，有「音樂演劇會」、「一週年紀念式」、「紀念演講會」有吳素貞女士（林資彬夫人）講〈婦女的進出〉；林攀龍先生講〈生活之黎明〉；楊水心女士講〈男女合作〉；蔡培火講〈台灣再造與地方文化〉，等演講活動，聽眾一千五百人。另有「書畫手藝展覽會」、「煙火與映畫」，----等等展覽活動。同年五月中旬，「一新義塾」正式開塾，8月12日開辦第一回夏季講習會，依我們收集到的資料中便有攀龍先生訂「一新會夏季學術研究會時間表」手稿，這個表原先訂是從7月7日起到7月19日，另有7月10日至7月23日兩種，

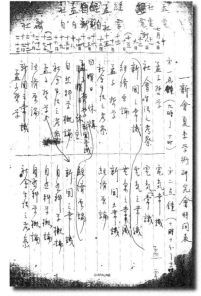

林攀龍撰霧峰一新會夏季研習表

排列課程表與賴志彰先生所列不同，從課程表上看來計有一、民生常識、講電氣常識由蔡培火先生講；二、社會科學知識有經濟學、由林猶龍先生主講；三、社會生活考察（新聞常識）由林攀龍先生主講；四、自然科學概論由高天成先生（林獻堂女婿）主講；五、特別的是設計有〈孟子哲學〉由林獻堂先生主講，分別講「王道」、「民本」、「性善」、「義氣」。在日本人統制下開講孟子哲學，傳授民本思想及浩然之氣。我們以為獻堂先生是不願台灣人一味接受日本人奴化統制，其設計構想值得深思研究。在「一新義塾」申請之前，本成立「漢文研究所」遭日本當局禁止。直到1934年日本當局才允許「一新義塾」之申請，但仍然必須接受當局政策指示，但是大部份課程仍維持原有特色。同年（1933）11月19日舉辦「一新會第二回體育運動會」。從以上活動看來，「一新會」活動在德、智、體、群四方面樣樣兼備。

但「一新會」活動隨蘆溝橋事變發生而停止，直到1946年光復後，才有「一新會」夏季講習會活動，但因時局變化，整個活動在同年八月宣告停止，「一新會」從1932年創立到1937年3月的五週年祝賀會結束，對於霧峰莊人民心靈上有鉅大的影響，對於當時日本當局亦是一項挑戰，在台灣地方史上亦是一項創舉。

光復後，1946年台灣教育廳曾發表攀龍先生為台灣省立建國中學校長，此外，省立台中一中亦聘他為校長，但皆謙辭不就。1949年私立萊園中學奉准成立，攀龍先生任校長，他衷心奉獻教育，勤力興學，「先生復釀資創辦私立萊園中學，自任校長，歷二十餘載，無時不以栽培後進，作育英才為榮，門牆桃李，杏壇留芳」從我們收集的

演講稿中看到他茹苦含辛的經營萊園中學，筆者引用一段攀龍先生親筆手稿（開學演講稿）對於青年學子鼓勵的話：如下

我們萊園一家，以親愛為中心，無論舊生、新生、男生、女生或者高中生、初中生、不管家庭環境如何，大家都是精神上的兄弟姊妹，因此要互助幫忙，來建設一個美好的校風，你們來到學校是要追求個人的進步，但要達成這個目的，對於學校全體空氣（就是校風），大家應該竭力造好，在其中吸收他的恩惠這一點，卻要明白才好。

攀龍先生著作有《人生隨筆》1954年台中中央書局出版（今已由林博正先生重新再版，並附有秦賢次先生撰林攀龍先生年表）及早年發表在《台灣青年》、《台灣》、《台灣民報》的文章，筆者雖然沒有機會研讀，但從我們整理藏書經過，可以體會出一位寧可放棄繼承家產而甘願繼續求學的好學深思者，回國後協助創立「一新會」及萊園中學，其風範是令人佩服的。雖然晚年縱橫商界，以致學術界、教育界早已遺忘他，這一位淡泊名利啟蒙思想家，綜其一生如林攀龍先生治喪委員會撰述之〈林攀龍先生生平事略〉：

先生雖出生於鉅富世家，然生活儉樸，不善交際，公餘常以讀書、品茗、賞花、散步自怡，並喜出國旅行，資以開拓心胸，增廣見識。先生藏書萬卷，學究中西，待人處世，謙虛為懷，賦性厚道，不慕名利，其人格之高超，學養之深厚，洵為識者所景仰。

這些第一手資料暨望有助於對林攀龍先生思想研究，同時對於霧峰林家在日本人統治下能傳授莊民新穎性、前瞻性、思想性的觀念，這一點功不可抹，值得後人追念沈思的。

本文原登《中國文哲研究通訊》第3卷第3期 頁59-67 1993年9月1日

本文登載部分圖片引用賴志彰著《臺灣霧峰林家留真集》謹此致謝。

如此冷落蔡元培

日前 貴刊刊登蔡登山的文章〈往事已蒼老——記北大校長蔡元培可敬的身影〉，令人想起這一位曾說「大學生當以研究學術為天職，不當以大學為升官發財之階梯」的教育家身後在臺如今的情形。南港中央研究院雖有蔡元培紀念館，但名存實亡。前不久研究蘇雪林先生的大陸學者沈暉先生，因蘇先生住過該館亦慕名一遊。渠在蔡元培先生銅像前拍照，令人感嘆不已。民國五十七年一月十一

作者於蔡元培銅像前

日中研院與國立北京大學同學會合辦紀念蔡先生百歲誕辰暨銅像揭幕典禮，當日蔣總統中正先生亦親臨會場向蔡先生銅像致敬。如今蔡元培館只是學人住的地方，根本沒有紀念意義，除了這一座銅像外，並沒有任何蔡先生相關資料，而這座銅像甚至擺在角落一端，無人理睬，灰塵滿布。王叔岷老師曾訴及蔡先生與中研院之關係如此深，為何不重視而冷落他。學術大殿堂當對於這一問題做處置，才算對蔡先生表示尊重及懷念。

本文原登《聯合報副刊》1995年8月14日

作者於蔡元培館前

第二十二章

真性情真生命的《慕廬憶往》

誰有資格寫一部回憶錄。古今中外名人政要晚年皆會將他一生點點滴滴用文字表露出來，公諸於世，這種回憶錄往往是來炫耀於人。坊間近來有關傳記、回憶錄紛紛出籠，大都是政治人物的傳記。可讀性參差不齊，而《慕廬憶往》是一部與世無爭，淡泊名利，宅心仁厚、氣宇軒昂學者的回憶錄。他是學子的典範，為人的楷模。

慕廬是王叔岷老師的號，慕廬源於孟子取舜五十歲思慕父母之意。他一生專著於研究、教學工作，年已八十仍孜孜不倦的撰書研究。每天固定八點從蔡元培館到傅斯年先生圖書館研究室，到下午四點才回住處休息。從不中斷，日復一日、年復一年。今年元旦我休假前，到研究室看他，我猜沒有錯，連休假日也沒有停下他的工作，老師和藹的說：「你怎麼知道我在這裡。」去年老師八十歲祝壽前，學生們皆催促他趕快將回憶錄寫出來，因手上有《鍾嶸詩品箋證

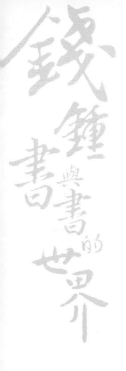

稿》、《先秦道法思想講稿》未完成，故總是說將這兩部書完稿再動筆。

中央研究院院長交接當天傍晚（吳大猷院長交李遠哲院長），老師攜來一本剛出爐的《慕廬憶往》送我，令我驚喜萬分。並問我吃過晚餐否？他要去寄信。當天晚上便拜讀全書，它是真生命的紀錄，真性情的人生。

老師最為敬佩的先生是他的恩師傅斯年先生，當年傅先生親函要他到四川李莊繼續北大文科研究所之學業。在李莊追隨傅先生寫論文，並要他「把才子氣洗乾淨，三年之內不許發表文章。」後來請湯錫予先生掛名為導師，寫了《莊子》論文取得學位。湯先生要他「痛下功夫」，這四個字老師也每每鼓勵我們。傅先生對老師相當器重，給他的信，後來放在老家，也就沒有帶出來。這是老師耿耿於懷的事，也送他許多珍貴書籍，如《四部叢刊》影印明世德堂《南華真經》、王世禎《古詩選》及姚鼐《今體詩鈔》等書。筆者喜遊舊書坊，有次看到董彥堂的字，售價不

《慕廬憶往》書影

貲，告訴了老師，他說另有一幅董先生的字，可以送給我，當時便感謝老師的厚意，堅持不敢接受。他總是可以把很珍貴的東西送給了他的晚輩。

大陸變色，由於當時臺灣情況不穩定，所以傅先生告訴同仁「不得已可能蹈東海而死」，和後來為黃得時先生寫的「歸骨於田橫之島」，可見傅先生來臺的胸襟與決心。史語所同仁趕忙將古物及書籍裝箱，「夜以繼日，趕得腰痛腿酸，精疲力竭。」運送到臺灣，中研院史語所之藏書量堪稱國內屬一屬二，皆歸功於當年老一輩的辛苦護送，而王老師也是其中參與者之一。

老總統蔣介石先生是很尊重傅先生的。老師親口告訴我一則回憶錄沒有寫的故事，乃麥克阿瑟將軍到臺灣來訪問，當日眾人在機場等候，陳誠副總統告訴傅先生說：「你應該到裡面陪陪蔣先生」，傅先生卻說：「拿錢來，臺大太窮了，請拿錢來，我才去陪他。」原來傅先生主持的臺大財政拮据，這是傅先生可愛可敬之處。又老師總是認為公家的東西不可隨便浪費，無論一紙一筆。他屢次叮嚀我們要學習傅先生的處世態度。所以老師有詩紀念傅先生：

十年親炙副心期，孤島絃歌未忍離。點檢縹緗餘慟在，千秋風義憶吾師。

老師已八十嵩壽仍不停的研究撰書，花了十七年工夫寫了《史記斠證》，早期各種學報刊物皆有老師《史記斠證》蹤跡。如此用心有貢獻的一部書，也有人恣意說沒有參考價值。就是太用功，使他胃潰瘍入院，十年前連續復發，因獨居蔡元培館，午夜昏倒在地，為一位青年發現，但仍不勞煩他人「痛苦之極，似到死亡邊緣。」十年後今天又復發，致使舊疾復發，因校對《校讎學》清樣稿，老師作研究不

需要助理幫忙，著作初校從不假手於人，由於排版錯誤太多，迫使他擲筆擱下；其次乃凡是與老師寫信的人，他必親手覆函，這段期間回了八、九十封。又手上另一部著作劉向《列仙傳校證》正進行，有回到研究室看老師，他取出四十幾年前，在李莊所作札記皆泛黃，他說不整理太可惜，同時已寫了數萬字。又住院前一天晚上，老師仍勉力參加同仁婚禮晚宴，而事實上，他已發病三天，但是他仍盛情參加。宴畢，原本依老師為人當會再與新人打招呼，可是我們便從後門先行離去，一路上他臉色不好看。可知他當時必痛苦萬分，但不願告訴我們。次日他才麻煩鍾彩鈞及林玫儀兩為先生送他到醫院就醫。之前他又為老學生寫了一首詩，到郵局寄了才去醫院。如今已出院調養，老師自嘲說回來連蔡元培館的「蔡」字皆不會寫，已是「忘我」。又說外面一盆紅梅開了兩朵，似歡迎他回來，因為很久沒有開花了。

　　每一年老師生日，臺大師生便為他祝壽。去年八十大壽，依昔慶生，並出版了一本《王叔岷先生八十壽慶論文集》，當天在餐館，以朱炎先生歇斯底里似喊著「王老師你是十八歲，還是八十歲」反覆喊了幾次。盛況空前，熱鬧滾滾。其中張清徽先生言「王先生八十翩翩美少年」，最為人注意，老師的風采是很少人能猜出八十歲的人。這次在臺大醫院有醫生以為他是「王叔岷的兒子」，後來老師說給我聽時開懷大笑，儘管次日要照折人的胃鏡。

　　老師受學生的愛護，他曾說他一生沒有什麼朋友，學生是他最大安慰。「我一生以誠治學，以誠待人，得到學生的愛戴，是我最大的安慰。」他一生有三不，一不為人作序、二不和人詩、三不食圓形物。不為人做序，當年傅斯年先生為愛護老師，要在他《莊子校釋》

寫序，老師自願負責，而不肯。而今老
師不願為人寫序，自然有其道理，不必
細說。又不食圓形物，這是幼時的習
慣。我們牽強的以為是老師不喜歡圓滑
的人。這種解釋，老師也說：「對於
人，如果非常圓滑，我卻非常討厭，其
於圓的東西。」

　　老師是性情中人，不造作，坦誠
待人，秉守禮教，不踰矩，從回憶錄
中，不難看出他處理所謂「師生之情」
的謹慎。又如「續絃」，臺靜農先生皆
勸老師續絃，但他都不動心。「我認為
人一生只應該結一次婚，夫婦是前生的
情緣，也可說是情債。債完了，不要再
負債了。」又說：「同時這種婚姻大多
是不美滿的」。他可說是莊子的化身，
天地是我家，萬物與我為一。淡泊、自
然、向來是他所恪守的。他常說要「放
下」一切，這種「心齋」功夫，不是我
們年輕人所能體會。老師喜歡彈琴，離
開大陸把它帶出來，「共患難也共安
樂」，在新加坡南洋大學教書時，借給
一位不相識女孩，竟然不還。老師回憶

王老師的古琴

錄説是因女孩子的男友有債務，拿去變賣抵債。他並沒有追究，如此心境，很難令人相信。好在後來找回古琴。

故國之行算是老師最大的心願，國家動亂，造成無數人妻離子散。老師長子自小便受祖父疼愛，而無法來臺。「父母喜愛長孫，臨別將國簡留下----，誰知此後與父母永訣，竟長棄天倫樂矣，思之淚下！」又此次回大陸，到了北京大學卻過門不入，身為北大人沒有過北大校門，「既可怪也可笑也」。回到四川洛帶鎮老家，已不是昔日之樣。此趟之行。百感交加，思慟親人及故國山河。備感心酸寫下《故國行》絕句二十二首。四十五年分離，先人「生無以為養，死無以為葬」，最為老師錐心之痛，外人難能體會。「此生所最痛心遺憾者，父母困死於劫難中，而我平安於國外。」

這次舊疾復發已康復中，一個讀書人孤苦隱居南港，夜以繼日做研究，老驥伏櫪，從不停頓，雖然回憶錄寫著「珍惜餘生」，但是仍拼命撰寫思考，後生晚輩，

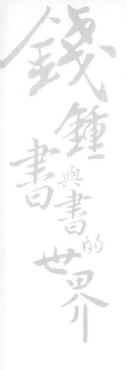

王叔岷《落落吟》

一再勸他停下手上的工作，他也答應放下一切好好休息，也是這一次入院，他才甘願放下工作，靜下休息。

真性情是老莊的純真表現，而真生命是傳統儒家的胸懷。老師繼蔡元培、傅斯年兩位先生人格風範及為學態度，做為青年子弟的典範。就如同老師在近出版詩集《落落吟》中有一首〈先賢〉詩，序言所表述的：

岷住宿蔡元培先生紀念館，每晨八時即往傅斯年先生圖書館讀書著述，星期日亦不例外。逝水流光，年復一年，諸生多憐我之寂寞孤獨。我則深喜日日得與蔡、傅二先賢之風儀相近也。

本文原刊《書評》雙月刊第19期頁34-37 1995年12月

本文蒙王老師斧正，修改部分文字，謹此致謝。

第二十三章 莊子的化身——為仁者壽

莊子的澹泊謙退，化大鵬居高臨下，俯視人間世，籠雞有食天地狹，野鶴無糧宇宙寬的超自然胸懷，是今人所追求的內在精神。

王叔岷先生今年正值九十嵩壽，渠為教育、學術奉獻一生。個性澹泊不汲汲於名利，窮守學術工作，從無懈怠。著作等身，窮十七年之力完成《史記斠證》，有人輕薄批評，從不反駁；未選上中央研究院院士，也從不關心，這些對他來說絲毫不放在心上。一生不食圓形之物，是不喜歡圓滑之人；又是性情中人，以詩記事，抒發己志，沒有朋友但學生就是朋友。先生原獨居蔡元培館有年，幾經波折轉住他處，其樂融融。「澹泊襟懷樂自然，不崇華飾不虛玄，但求行己而無愧，未敢浮誇望聖賢」這是他的詩，也是他的寫照。

幾年前，先生有蕭啟慶及女兒王國瓔夫婦的照顧，告別八十老人獨居生活。那天為先生暖壽，見豐腴臉頰，一別昔日瘦骨清癯

，是親人無微不至的照顧。現居高樓望遠處，與浮雲為伴。平時已不看書，偶有詩句但不多，過著童稚般的生活，能自步行，飲食自如。收看周星馳與許不了電影為消遣，笑忘人生的不平；收看球賽及摔角為鬆弛，遣淡事物的不是，去老返童的生活無憂無慮，與世無爭，是莊子的養生之術，也是陶淵明的田園生活。記憶上雖有失退，但精神奕奕，談笑風生。一生不與人爭名利，甘守寂寞，著作傳世，是莊子的化身，為後輩所敬所仰，為仁者壽。

本文原登《聯合報副刊》2004年5月17日E7版

王叔岷老師與作者

王叔岷老師惠贈詩稿

今年是柳存仁教授九秩嵩壽，我與柳先生認識是吳宏一老師在主持中央研究院中國文哲研究所時，邀請這位宅心仁厚，學富五車的長者來文哲所訪問，因業務關係，故與先生成為忘年之交。這十幾年來，先生每每惠賜信件及書籍，並費心的修改我信件上的錯字及用詞，這些都是前輩學人對於後學的提攜及獎掖的關懷。

　　余英時先生曾說：「柳存仁先生是我最敬重的一位學者」，雖然他早從澳洲國立大學退休，但老當益壯，時時為學術界服務。我因工作關係，每為先生查證資料，從中學會不少治學的方法及增進學識的機會。先生為人幽默風氣，身體硬朗，健步如飛。有一次來台灣，晚上他自己搭公車從政大回南港繞後山抵達，搭這班車的人較少，又走山路，事後談起，我為之佩服，他卻說：「我是老江湖」不必為他擔心。每次來臺灣，他總會去拜訪師母錢賓四夫人及潘石禪或蘇瑩

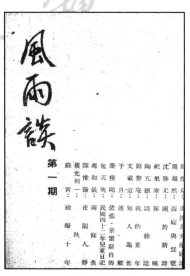
《風雨談》書影

柳存仁《大都》書影

輝等先生，那次我陪他去拜訪石禪先生，見識老輩學人彼此謙恭及深厚友誼。

先生北大出身曾受教胡適之、錢賓四、呂思勉、陳寅恪等人，早年是一位文藝青年，曾編過《風雨談》、《西洋文學》等刊物，上世紀三十年代文學刊物中，《古今》、《宇宙風》、《天地》、《人間世》都能見到他的蹤跡。更有一部長篇小說《大都》（原名《庚辛》或《青春》）出版，這部自傳小說，（戴密微先生也如此說），描述從晚清到民國二十年代居住在北京的吳、楊、方三大戶人家的故事，故事依稀可見柳公的身影，如描繪北大上課那位周大同教授，不正是指周作人嗎？先生雖是文藝青年，但也潛心於經、史、子、集的研究都能觸類旁通，今市面上更有一部是中學畢業前出版的《中國文學史》供學界參考。由於家學的關係，更能博覽群書，並且潛心苦讀。他說：「在北大日鈔書於圖書寮，嘗嚴冬中午斷食逾兩周，鈔畢海甯王忠愨公遺

書」，顯見先生治學的毅力。先生有
中、西著作多部，討論的範圍涵蓋有墨
經、理學、道教、中國文獻及古典小説
及古典文學等類問題。近來台北有家出
版社要為他出版全集，遭到先生的婉
拒，主要原因是不願見到出版社賠錢。
先生是《道藏》研究專家，有部《讀道
藏記》未出版，他説這部書必要他親自
整理才行，令人拭目以待。

　　先生會打坐的功夫，有一回在南投
杉林溪，他教眾人如何打坐、換氣的方
法，可見他身體康健與此有很大關係。
他沒有宗教信仰，非道教徒更非基督教
徒，也不是佛教徒，卻能鳩合各教經典
思想於一身。有回他告訴我説「無分別
心」的體悟，這體悟更能見到他內斂的
修養。近幾年來臺灣政壇發展崎嶇或發
生自然災害，他總是會在信中或電話中
不時提及或關心，亦時時要我寄上較公
允的政論文章讓他知道。他經過大風大
浪，看過了政治上的各種變化，總會提
醒我不要太激動或逾越行為，當要以世
界的眼光放眼觀察。

柳公與家人

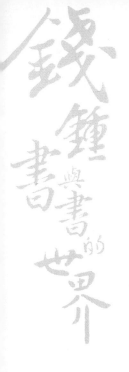

「和風堂」是先生的書齋，早年在上海文名遍及四海，抗戰勝利後到英國倫敦大學取得博士學位，因為見過政治上紛爭，故將書齋名「存仁堂」改為「和風堂」，這段轉折可見他從青年到壯年，對於政治上的見解，別有一番看法之後，在學術領域能沉潛研究，並沒有迷失在雙照或奉化諸公的政治浪潮上。

柳公能唱戲及演話劇，更能寫戲評，在大學時用「予亦」筆名寫了許多戲評，文字超過數十萬字，他佞楊小樓，更是程硯秋的好朋友。柳公說：「人生如劇場，如舞臺，我們大家都在唱戲」這是他對人生淡然，歷經人生的波折及挑戰，都能克服。近來又惠一偈語「生是不淨、法是無常、無常亦無、不悔不吝」這是對佛教體悟的偈語，與柳夫人有關，夫人纏病多年，先生曾要我在臺灣尋找有關蘆薈書籍，想要治療夫人的病，但都無效。夫人在四月底往生，對於先生是一大打擊，他們結縭六十六年，伉儷情深，他曾描述說「我

柳存仁夫婦伉儷

也有一個妻，一個唯一的能夠愛我，安慰我的妻，每天夜間在我寫東西的時候，也總是陪伴著我，一個人織著絨線衫」這是對於夫人深厚的情誼。他老人家仍有無數的文稿待整理，單憑他養生有方及幽默風趣的人生觀，我們期盼他能將文稿整理出版及期待這位去老返童的長者再來台灣訪問。

本文原登《聯合報副刊》 2006年8月11日 E7版

第二十五章

柳存仁教授談當代文人及宗教

柳存仁教授，1917年生於北京，畢業於北京大學，獲文學士；曾獲倫敦大學榮譽文學士、哲學博士及文學博士學位。是澳大利亞人文科學院的首屆院士、英國及北愛爾蘭皇家亞洲學會會員。曾任澳大利亞國立大學中文講座教授、亞洲研究學院院長，退休後被選為名譽教授及大學研究員。1966年至1989年間擔任哈佛燕京學社、哥倫比亞大學、夏威夷大學、巴黎大學、香港中文大學中國文化研究所、馬來亞大學、早稻田大學、新加坡大學、新西蘭渥克蘭大學的訪問教授。1974年和1977年，作為澳大利亞科學院訪問團成員兩次訪問中國。1984年，應中國社會科學院世界宗教研究所的邀請在北京作了一系列關於道教史的講演。此後，多次回中國參加學術會議，促進國內外漢學的交流。1992年，榮獲澳大利亞政府頒贈的 AO（Order of Australia）勳銜和勳章。

柳存仁教授是世界著名的漢學家，在許

錢先生給柳存仁先生詩稿

柳公與作者夫婦

多領域的考證有突破性貢獻。他的研究集中在道教史、明清小説和中國古籍等方面，其成就在國際漢學界有很高的地位。中文著述主要有《中國文學史》、《倫敦所見中國小説書目提要》、《和風堂讀書記》、《和風堂文集》、《和風堂新文集》、《道教與道術》；英文著述主要有 Buddhist and Taoist Influence on Chinese Novels, Chinese Popular Fiction in Two London Libraries, Selected Papers from the Hall of Harmonious Wind, New Excursions from the Hall of Harmonious Wind。

前言

柳存仁教授今年九秩嵩壽，我想寫點什麼來為他祝壽。想起十五年前，即民國八十年十一月柳公應中央研究院中國文哲研究所吳宏一所長以「特約訪問學人」名義邀請來所作兩周的訪問。十一月三十日送他到中正機場時，與他談及臺灣一貫道及文革期間一些文人的事情。柳先生興緻一來，談了很多。姑

且將這段談話整理出來，作為祝壽禮。
與柳公認識十五年，這位幽默風趣，學
富五車的長者，獎掖晚輩可說不遺餘
力，每次在信中都對我鼓勵再三，因工
作關係，先生要查證一些資料，總是會
請我為之核查，從中學到不少的治學方
法及增進學識的機會。

　　關於這次的對談，現將它整理發
表，一者是保存柳公的談話紀錄，二者
可知他與當代學人的往來及對於宗教的
看法。

一、對一貫道的看法

　　在談到對一貫道的看法時，柳先生
說，南北朝、唐朝有一種外來宗教叫摩
尼教，因為它的發源地在波斯，教主是
波斯人Mani所創立，故稱摩尼教。後來
這教與造反有關係。南北朝有些造反情
形，一直到明太祖朱元璋都稱為明教。
在宋代有吃菜事魔，把摩尼教變成魔鬼
的魔，它便向地下發展，不能公開，滲
進道教裡頭。道教是無所不在的，就蔓
延開來且流傳久遠。一貫道並不早於明

柳公與作者於中央研究院

代，也許在明神宗萬曆之後。有五部六冊，五種書Six Books，搞這種東西的人最初為寶卷，實為文學作品的寶卷，其實寶卷最早是宗教性的，是佛教的東西，道教也有。所講的思想是單純的。

有一位老百姓是他們的開山祖，並非大學者叫羅清，有人說他是當兵或是在運河上運糧的工作，五部六書從前是不讓人讀的，政府會取締。但裡面的思想並沒有了不起的地方，臺灣有位鄭志明研究這方面的學問。一貫道是較遲的，有它的歷史及譜系。歷史語言研究所有位叫宋光宇有一部書專門講它的歷史，書名為《天道鉤沉》，是該教的人所描繪的源流及歷史，想要了解一種東西的底細，不但要看外面的人如何講，也要看裡面的人如何說它，這種東西從明朝到清朝與五部六冊並不一定有關係，但相信有一個神是有關係的，是一個母親叫無生老母，勸人說世界不好，大家要回到原始母親那裡去，這種感情大家都會有的，每個人都會對自己母親的崇拜，他們的書不太讓人看的，現在是可以了，入道者還要由某人在額頭上點一下，表示已入教。歐洲人亦研究摩尼教，今人不會知道的。民國以來，一直到1949年之後都是被取締。

這裡的一貫道可公開傳教，也是近十幾年的事，信仰者中、上級的人都有，一貫道的廟到處都有，宋光宇的書都有圖片。一貫道勸人為善及救濟社會貧困的人，成為道德倫理及信仰的對象。最近的信仰之教主為濟公活佛，在台中或某處，有漂亮的佛堂，有兩個像，一為濟公活佛、二為孫師母，大家去那裡都頂禮膜拜。這種信仰宗教關係較多與文哲關係較少，文學價值並沒有佛教文學那樣可觀，又長期受壓抑，有時便為外人所同情。世界這麼痛苦，現在有老母在都到他

那裡去。因為政治主張或是制度不好，或是家庭的痛苦或是個人的痛苦，因此就有宗教，宗教之所以變為革命，從文來說是宗教，從武來說便是皇軍以下的活動。

二、對文化大革命的看法

柳公以為，文化大革命時期破壞舊文物是不對的行為，文革到底歸罪於何人？毛澤東發動這個運動，他是對傳統詩詞有研究的人，這種行為好像是矛盾的。毛的詩詞意境有魏武帝及辛棄疾的氣勢，是豪放派的。他因有才氣，在五四時又是一個窮青年，薪水並不多的湖南人，由於章士釗的幫忙，四九年之後對章氏非常禮遇。毛澤東在五四諸公面前很受委曲，沒有受到重視，譬如傅斯年，傅出國留學，毛卻回湖南老鄉，提倡共產思想，自己搞一個地方性的共產黨，後來在上海才成為名人。同是人才有的會成功，有的卻失敗。有些革命的人較急，不肯與不革命的人妥協，有的不革命的人也有頭腦清楚的，願意替國家做事。清朝末年並非每個人都是糊塗蟲，或是自私自利的人，可是自己認為是革命的人，卻往往是糊塗蟲，後來很多革命的人，卻變成是要被打倒的人，至少在政治上是不行，因為後來不講革命的口號，甚至講革命有也一些錯誤的，慢慢變成保守，甚至轉為極保守都有。

三、對民國文人的看法

（一）錢鍾書（1910-1998）

有人以為錢鍾書當過毛澤東的秘書。柳公認為絕對不可能，連毛澤東的詩詞及毛澤東選集的英文翻譯也不是錢先生譯的，因為翻譯

的還不壞，以為是一個狀元的譯筆。卻被認為是錢先生的手筆，但翻譯的工作未必是一個人翻的。柳先生雖然斬釘截鐵的說不可能，但後來錢先生默認參與這兩部書的翻譯工作。

（二）郭沫若（1892-1978）

文化大革命有所謂四個不要臉的人，柳公認為較著名是郭沫若，因為文革一起來，郭便認為他以前的東西都可以燒掉。說這樣的話，都是在那樣空氣下要自保的，有一點乃有可能是，至少一個時期相信領導的人有本領，可能是這樣，所以覺得現在絕不與領導人爭鬥，從壞的方面來講，生活上便不會有問題。後來我們可以見他與大夥的人照相的樣子，總是頭低低的，有俯首甘為孺子牛的樣子。我們說他是極聰明，從他自己來說，但卻被別人所不諒解。

（三）馮友蘭（1895-1990）

我在1982年在夏威夷見過馮友蘭，跟他一道出來的人，和開會並沒有關係，是政府機關的人。當時四人幫已被打倒，他一變再變是變自己的，並不影響別人，損害是自己的，有的人說是應付，他在《三松堂自序》寫的相當真實。有人傳言說他從前與國民政府領導人有往來，現在又與現在的領導人有往來，從國家方面來說，從前那個領導人也是領導國家，還是為全國人民好，馮先生以為中國打勝仗後可以重新建設國家，所以寫了《貞元六書》，那樣也不可說巴結政府，但任何一個時期都有一個政府，沒有政府這個秩序便沒有。馮先生在書中也說：「並沒有說他沒有與國民政府當局來往」，文革還推崇毛，認為江青不對。又如梁漱溟，他有本書《人心與人生》，書中舉的例子都是毛澤東的例子，雖然毛也大罵過他，毛是不對的。因為他是邀

請梁去開會的,更何況是國家的領導人。

又如熊十力,他在書中也改自己的見解,並不能完全對於某些制度忠貞,絕對忠貞如果變成抽象,便沒有價值,這價值要與實際厲害輕重有關係,痛苦的知識分子只有極少的範圍及極薄的能力,中國真正有力量是知識與武力結合,過去的帝王自己不能統領大軍必須要與一個有統領大軍的人結合,其實也是為國為民的。如果為自己或是為國家,也必須要極細的研究才行,並不是空洞說一句話,說這是對或是不對的。譬如曾國藩,他代表地方勢力儒家倫理,後來太平天國變為腐敗,前期洪秀全為王,制度不平等,因為他是天王,傳統幾千年的老讀書人,怎可能相信一個信耶穌的天王,明明那個耶穌也是被利用的,譬如說楊秀清做什麼事,說入定被神附體,神叫我如何做也不敢違背,那個神是沒有的。

(四)季羨林(1911-)

談到季羨林先生,柳公說他見過季先生。在北京及香港開會都見過他。一九八幾年曾同席吃過飯。他有一部自傳記性的書,就是講他研究印度及生活上的書,也許該書書名自傳意義很少,但裡面有談到他讀書的情況。假若讀者對於印度興趣不濃,便不能完全看季先生的書。他有幾部翻譯的書如《五卷書》、《羅摩耶那》等。有許多對於翻譯別人著作有貢獻的人,如馮承鈞翻譯許多法國漢學的著作,如譯有關鄭和下西洋的書,是伯希和的書《鄭和下西洋考》,或西域的事情,就是新疆再往西,中亞、西亞的事情。如沙畹《西突厥史料》等書。

(五)楊憲益(1915-)

柳公說楊先生不到八十歲,他的夫人是英國人名叫戴乃迭(Gladys

Margaret Tayler）（1919-1999），我與他們不熟。這對夫婦曾經來過澳洲，在文革其間受到打擊，行動也受到限制。當時他的太太若想生活好一點或是脫離那個環境可以離開中國，回到英國，在文革時有一個兒子死掉，夫婦受到折磨，若問他太太有沒有後悔，她說是不會的。他們夫婦愛喝酒，住在辦公室的後方，我曾去過他們的家，楊先生喜歡各種朋友，如果到他家必留下吃飯及喝酒，楊先生很健談，他有著作《譯餘偶拾》、《零墨新箋》等書，裡面有許多翻譯的故事，如三姐妹（灰姑娘）那個妹妹名叫Cinderella，假若唐代有此類似的故事便是楊先生所注意的，裡面有許多類似這樣短的文章，又如談小說，談《水滸》及其版本等文章。

這與比較文學有相當的關係關係。研究比較文學也要知道中國的東西，否則只能拿洋人的東西與洋人的東西比較，如拿希臘與北歐的東西做比較。

香港中文大學翻譯研究中心，他們把許多英文文章譯成中文，該雜誌叫（*Renditions*）（《譯叢》）。楊先生以前編的雜誌叫（*Chinese Literature*）（《中國文學》），現在他應該沒有參與編輯了。

（六）姚雪垠（1910-1999）和端木蕻良（1912-1996）

關於姚雪垠的《李自成》，筆著覺得有許多地方在影射老毛。柳公說：我沒讀過《李自成》，該書有許多冊，故不知它的歷史性。該書的筆法如你所說的有影射老毛的說法，如果是開放思想，就是擁護老毛也是可以看的。端木蕻良的《曹雪芹》，他曾送過我下冊，當作紀念，我也未讀過，他還說要送我明版的道教的書，他知道我研究道教，但我並沒有接受，我請他自己留下。端木蕻良與蕭紅等人有許多

過往事，端木蕻良為何寫《曹雪芹》呢？因為他是姓曹的，從前寫的
小説並不是這一類，如《科爾沁旗草原》等書。這是近年的創作，現
在應有七十幾歲了。

（七）柳公的因材施教

　　除了談及當代的文人外，筆者也問到退休後的生活情形。柳公
説，我現在不教書了，作一點研究，有時講了也未必寫出來，如這次
在新竹清華大學講《紅樓夢舊本》，如果有人要我寫就不難，但要做
考證，要對古人很公平，又要對別人很公平，古人是指過去的人，
別人是指現在同時代有主張的人，如果古人與別人的意見和我差不
多，我便不寫了，何必將同樣的東西抄一遍呢。所以我心中總有五、
六個題目，如果有人要我演講便較無負擔。又同類題目在不同的場合
也有不同的講法，如講《道藏》的性質，如在日本有專門搞道教的人
在場，我便不會如此講。而這次在師範大學那一場，因不是專門研究
道藏的人，故只吸引他們產生興趣。譬如說佛教，讀書人對於佛教的
趣味，對於信佛教慢慢了解，了解多一點便成了居士，對於佛教有信
仰，與在廟裡拜拜觀音或菩薩不一樣的。不過，對於普通老婦人像我
母親之類的人去廟裡拜拜，我小時候是不懂的，但到年紀大時，便以
為那是舊的東西，而現在我的了解，也不能説他們不對，因為知識是
比較的，如沒有雜知識的人信仰菩薩，信仰的很真便會到達一定的境
界，可是我們這些有雜知識的人卻到達不了，沒有那個單純，就如耶
穌説的「有錢的人要進天堂比一個大駱駝要進一個穿針的針眼還要
難」，因為我們都有所知障，那個知識就是障礙。

　　當車子到中正機場，柳公的話匣子也停下，便結束這次愉快的談

話。十多年後，我整理柳公這些對話，不免失真，如有錯，責任在筆者。

後記

　　這篇稿子整理後，承林慶彰老師的斧正，於此誌謝。原本欲寄呈柳公修改，但又擔心他近來繁忙，故作罷。附上兩張相片一者為筆者當年與柳公合影。其二為錢鍾書先生贈柳公的詩稿。

本文原登《國文天地》22卷4期，頁103-107，2006年9月1日

輯四

舊書坊及其他

在光華舊書坊發現一部殘缺的《宋詩紀事》，從裝訂及紙質來判斷，知是年代甚久的書籍。但因缺少首卷故無法得知出版年代，但直覺中編者的生活年代是乾隆年間，除了書品不好外，字體俊秀，天頭相當寬，令人喜愛；同時，我對於錢鍾書的研究，他的《宋詩紀事補正》出版，見他在原刊本的《宋詩紀事》一頁一頁的拆開，並且在上面作眉批及增補，此殘本或可給我另一項文獻材料，故欣然買下。

這部書國內圖書館有中央研究院史語所圖書館、國家圖書館及臺大圖書館三處收藏。史語所圖書館著錄為乾隆樊榭山房刊本，分裝24本。國家圖書館著錄乾隆錢塘厲氏家刊本，分裝20本。臺大圖書館著錄乾隆十一年序黃氏琴趣軒刊，分裝32本。前二書皆為11行22字、雙欄、細黑口，單黑魚尾，小字雙行28字。而東京大學東洋文化研究所及京都大學人文科學研究所的藏書亦是樊榭

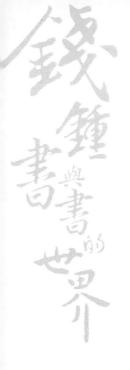

厲鶚《宋詩紀事》乾隆刊本書影

山房刊本，而上海圖書館的藏本是翁方綱評點本。此外，上海朵雲軒2000年春季藝術品拍賣會目錄編號561亦有一部樊榭山房刻本共記24冊，原藏者有題記說：「是本近於坊中偶有所見，往往次印居多，未有似是本之初印而有精美者。此昔年在杭用五十金購得。癸酉冬皋記。」黃裳也說「此刻精雅，清刻中俊物也」，至於筆者所買到的這個本子是11行22字，小字雙行28字，雙欄，細黑口，單黑魚尾。書雖殘本又為蠹蟲所蝕，但字體為宋體字，並無俗態，不失清刻之俊物。

張舜徽在《清人文集別錄》說：「他（指厲鶚）尤精熟遼、宋史實，一生心力所瘁，尤在《遼史拾遺》、《宋詩紀事》二書。」從《宋詩紀事》序文中他自己說：「前明諸公剿擬唐人太甚，凡遇宋人集，概置不問，迄今流傳者，僅數百家。即名公鉅手，亦多散逸無存，江湖林藪之士，誰復發其幽光者，良可嘆也！」他又在〈徵刻宋詩紀事啟〉一文說「稽其家數，三千有

奇。惜此工夫二十餘載，慮鈔謄之難，為力必授梓以廣其傳，頭白而
佇望，汗青囊澀，而惟餘字飽用，告海內名流共襄盛舉，捐十金而成
一卷，謹錄芳名垂不朽，以附古人勝為佛事。」可見此書的出版，是
如此心酸艱鉅。他為了完成此任務，是利用揚州馬氏兄弟的藏書樓小
玲瓏山館藏書及他們的幫忙共同編輯此書。馬氏兄弟馬曰琯有《沙河
逸老小稿》、馬曰璐有《南齋集》，巧的是今天亦買到馬曰琯的《沙
河逸老小稿》（是臺灣商務印書館《叢書集成簡編本》）。說起這對兄弟
可真是好客，收藏十萬卷書，當《四庫全書》正編輯時，他們進書776
種，沈德潛在《沙河逸老小稿》序說：「馬兄嶰谷以古書、朋友、山
水為癖，嶰谷酷愛典籍，七略百家二藏九部無不羅致。有未見書，弗
惜重價購之，備藏於小玲瓏山館。」陳章亦在該書序文中說：「我有
馬君嶰谷及弟半查，皆以詩名江左，…兩君皆垂垂白髮，硯席相隨，
不離跬步，依依如嬰兒之在同室，見者竊嘆以為難。」可見兄弟感情
甚厚。加上好客，廣結好友，伍崇曜在《沙河逸老小稿》跋說：「酷
愛典籍，有未見書，必重價購之，世人願見之書，不惜千百金付梓。
…道古堂集，復稱其兄弟不求時名，親賢樂善，惟恐不及，刊刻王漁
洋感舊集、朱竹垞《經義考》尤為士林所寶。」又說「厲太鴻寓小玲
瓏山館中凡數載，端居探討，成《宋詩紀事》、《遼史拾遺》，----」
王昶在《蒲褐山房詩話》亦書「馬秋玉兄弟延為上客，嗣後來往竹西
者凡數載。馬氏小玲瓏山館多藏舊善本，間以古器名畫，因得端居探
討，所撰《宋詩紀事》、《遼史拾遺》極為詳洽，今皆錄入四庫書
中。」，這些話皆顯示馬氏兄弟，對於刻書的熱衷及借書與人參考的
雅量，而厲鶚一生沈耽此書的編輯前已提過，此書編入《四庫全書》

在提要中説失於考證，被舉證歷歷在目，「採摭既繁，牴牾不免」，如卷四〈趙復送晏集賢南歸詩〉隔三卷在第卷七重出，諸如此類。但文末有也褒獎之語：「考有宋一代之詩話者，終以是書為淵源，非胡仔諸家所能比較長短也。」

厲鶚生於康熙31年（1692）死於乾隆 20年（1755），依王昶《蒲褐山房詩話》説「樊榭下世，葬於杭州西溪王家塢，因無子嗣，不久化為榛莽。」從中知這位文人身後是如此悲涼，窮其一生卻落於墓園無人管理，「後四十餘年，何君春渚琪游西溪田舍，見草堆中樊榭及姬人月上栗主在焉，取歸，偕同人送武林門外牙灣黃山谷祠，掃灑一室以供之。」日本漢學家青木正兒在《江南春》一書中描述他在大正11年（1922）旅遊中國，探訪揚州來到馬氏兄弟之小玲瓏山館時，他亦述及厲樊榭在小玲瓏山館做客編《宋詩紀事》、《遼史拾遺》諸書。當古董商向他介紹地面一塊凹處就是小玲瓏山館的北面牆根遺蹟時，這位日本漢學家亦「淒愴久不能止」。感慨這位文人一生從事編纂《宋詩紀事》之貢獻，如今所遺留的亦只是歷史陳蹟。

爾今光華舊書坊，雖不如當年牯嶺街之風華，可是時有佳槧珍籍出現。凡從是學術研究或圖書採訪工作者，除了專業知識外，更要勤加用功讀書，才能即時獲得這些珍籍。筆者除了圖書館採訪工作外，也從是研究工作，時常為找資料奔跑舊書坊。很顯然現今版本學上知識，不能完全在課堂上取得，因為這些只是書本知識，沒有實際經驗，是無法當下在舊書坊獲得珍貴書籍，何況圖書館珍藏典籍深鎖，圖書館員並沒有機會常接觸，而舊書坊就是從事圖書採訪者，必要勤快搜尋的地方。譬如說謝國楨主編《國立北平圖書館善本叢書》是民

國二十六年商務印書館出版，出現在舊
書坊，也是殘本，這套書當年在抗戰
中出版是件不容易的事，這些圖書都
是明刊本景印，雖然有部分臺灣商務印
書館現已收入《四部叢刊》廣編中，但
仍有幾部書未重印出來，如果有這部民
國二十六年刊本，也是美事以補不全之
缺失。因為謝國楨編選的叢書都是明刊
本，若要從事研究，原刻善本已非讀者
所能實際接觸的，這原刊影印當然是珍
貴的，假若圖書採訪員沒有版本及文獻
之知識便會錯失收藏之機會。又如有回
見到馬敍倫《莊子札記》一冊，此書線
裝書也是殘本，卷十一至卷十八，題書
名者是劉三，寫石門頌體。記憶中馬敍
倫關於《莊子》著作中，似沒有此著
作，而國內圖書館竟然都無典藏，很顯
然此書的珍貴。連嚴靈峰《無求備齋莊
子集成》初編及續編都無收入，而〈無
求備齋現藏未印莊子書目〉及〈訪求書
目〉也未見書目中，可見馬氏此書並不
為外人所知。更令人驚喜該書中竟然有
眉批，眉批案語皆為「典案：」，這

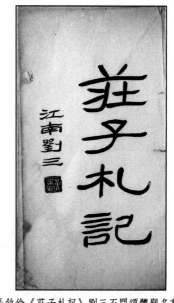

馬敍倫《莊子札記》劉三石門頌體題名書影

位眉批者難道是劉文典嗎？劉文典著有《莊子補正》一書，筆者核對眉批文字，與《莊子補正》一書注文文字竟然完全相同，果真是劉文典的藏書，加上國內圖書館都未藏，而嚴靈峰先生也未注入訪求書目中，這本書文獻價值就很高了。

　　筆者以為今天圖書館採訪人員應該時時用功充實知識，以為圖書館尋得更多的佳槧珍籍，就像以往為圖書館訪書的前輩，如鄭振鐸、謝國楨、黃裳、阿英、顧廷龍等人一樣，他們的版本、目錄學知識是圖書館採訪人員當學習的。因此當我擁有這部乾隆11年（1746）之刻本時，心中頗為感慨，現代人怎會知道這著書主人在兩百五十年前花20年時間編成此書的背後心酸，而每字每句是從無數善本中所輯錄出來的，所輯錄出的這3812家詩人（依作者序文），提供給我們在宋代文化史上的研究方便，雖然是一部殘本，卻有一股難以泯滅的感嘆。

本文原登《全國新書資訊月刊》第80期，頁36-38，2005年8月

第二十七章

舊書坊的巡禮

——淺談傅月庵《蠹魚頭的舊書店地圖》

愛書人對於舊書坊往往是一往情深，對於他們成天往舊書坊尋寶的心情，或許只有對於愛書的人才能體會。臺北是個人文薈萃之地，對於舊書的集中地，應以光華商場為最大。近來傅月庵先生出版了一本對於臺灣舊書坊的介紹是很有貢獻的書，令人刮目相看。對於我們這些愛書人來說也是一大享受。

《蠹魚頭的舊書店地圖》是傅月庵先生窮一生之力，將他對於全臺能掌握到的舊書店，如數家珍一一與我們分享。此書可以說是傅先生替我們這些愛書人述說一下買書的心情，每個人各有所好，各取所需。如李敖、秦賢次、林漢章或是簡茂發都有自己研究的方向。就筆者熟悉的光華商場，多年以來，我在此地獲得不少自己研究的珍貴材料及寶貴的文獻，常常為外人所不解，那空氣不好、人滿為患的地下書城，有什麼好逛，連北京的陳平原也不以為然。關於舊書坊的珍貴書籍是時常出現，要如何判斷是一門學

問，現代年輕學生偏好不同，對於舊書的好壞判斷他們是無法瞭解的。以下是此書對於舊書坊的知識及文獻的材料的收集及筆者的經驗與各位同好分享：

一、關於舊書，應指二手書，當然也包括線裝刻本的書。但就時代來看，線裝刻本的書，是較難出現，不過，在我常徘徊的光華商場（以下舊書坊皆指此處）我獲得不少珍貴的古籍，這些珍貴圖書來源，不外為有名人過世，或是不肖子孫賣出，有次有一個老板告知，多年以前曾國藩的相關文獻出現，所述皆是珍貴資料，如地契及官人的照片等等，令人大吃一驚，但當時老板囿於對方是喪家之物，故忌諱不敢買回，便失去一批珍貴材料。筆者遇過無數次名人過世的藏書，這比上次總統府圖書室流出的圖書價值多了。舊書有它歷史意義，從文獻來說，一者已是絕版，二者是為了自己研究上方便。筆者為了研究吳宓，找尋那三十年前地平線出版社出版《雨僧詩文集》，但皇天不負苦心人終有所獲；又我對於錢鍾書的研究，有

蠹魚頭的舊書店地圖

回出現了《宋詩紀事》乾隆樊榭山房刊
本的殘本，這部乾隆本雖是殘本，屬鶵
苦心積慮的編成，對於他在揚州馬氏兄
弟的小玲瓏山館做客編寫成書的《宋詩
紀事》，歷經了二百多年，而我又對於
錢鍾書的《宋詩紀事補正》必要掌握原
書，就在冥冥中，卻能在舊書坊相遇，
以賤價得之。

　　二、關於簽名本，這是愛書人另
一個喜好，有人專門收集，這與專門收
集創刊號的喜好是一樣的。如北京圖書
館近出版了謝其章《創刊號風景》。事
實上，簽名本往往也可看出，讀書人對
於書的珍喜程度，有人將贈書如棄舊屐
般，遭蹋別人好意。我常於舊書坊獲得
名人的簽名本，我們可以從簽名本見識
到原作者的筆跡，及他對於受書人的交
往。譬如筆者就有于右任、潘重規及李
漁叔的簽名書，對於喜好書法的人，這
三大家的墨寶是珍品。日前又獲得劉其
偉奇特的簽名書，這位畫家的簽名書，
幾筆英文簽名及簡單圖樣，其價值已超
過書本的價格。

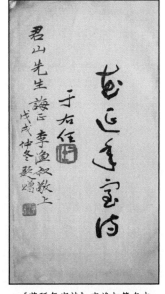

《花延年室詩》李漁叔簽名本

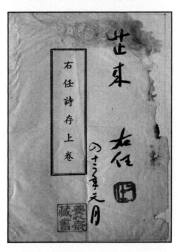

《右任詩存》于右任簽名本

三、關於舊書坊老板介紹。傅先生對於臺北幾處舊書坊如數家珍，分析老板的個性及他們的歷史背景，這些都是對於愛書人必要學習的功夫。筆者對於光華舊書坊的老板大多熟識，也能瞭解他們的經營及他們對於書本的知識，因為這樣對於書籍售價及討價的機會與否，才能有一個參考。普遍來說，他們絕大多數是不懂這些書的價值及其文獻意義的。顯然一本文星叢刊或今日世界叢書應不會一二十元賣之。但也有老板對書籍的版本及價值相當精練的，譬如林漢章對於臺灣文獻及各家族的歷史淵源的掌握，都比學院的學者還強，難怪李敖鄙視那些研究機構的學人。林漢章向筆者透露他幾乎收全了西川滿在臺灣出版的各種書籍，他花費的心力及金錢足可在鄉下買棟房子，連臺灣文學館都要向他借西川滿這一批書以做展覽。可見舊書坊經營者，應如胡適之先生佩服北京琉璃廠那些店員，其版本知識勝過大學生。但反過來說，如果每個老板的學識豐富，那愛書人就對舊書坊無趣味尋寶了。

　　四、書本的插圖。傅月庵此書用了漫畫筆法作為插圖，顯然是此書的敗筆。插圖者雖然費心依原書攤畫出模樣，如百城堂林漢章的店，假若能用攝影圖片，可能更加購書者的興趣，因為可以見到原書架排架的樣式，及圖書典雅的模樣，加上能有幾張古畫出現，更加有舊書店的感覺，以前光華商場廖信夫的店時有書畫出現，如于右任的墨寶、甚至石川欽一郎的畫皆出現過，此書再版或可考慮此意。

　　五、關於舊書家族。傅月庵獨到解析今日世界出版社的圖書，這是美國新聞處在香港成立的出版社，出版多少圖書不可知，文學翻譯著作甚多，翻譯過書及文章的人如張愛玲、思果、余光中、楊牧、林

以亮、喬志高、湯新楣-----無數名人都有譯文，張愛玲那本《老人與海》中譯本是相當珍貴的，人人企盼。此外，政治學、經濟學、社會學-----等社會科學及自然科學中譯本書籍甚多。筆者就收集到數百本的今日世界叢書，彌足珍貴。傅先生卻遺忘了臺灣商務印書館的人人文庫，王雲五當年創立的人人文庫，雖然漸漸失去舞臺，但對於讀書人是一個重要舊書家族。或是周安托的金楓經典系列；或是周憲文編的臺灣文獻叢刊或是經濟學名著翻譯叢書，這方面對於愛書人顯然又是一項喜好，有人必要一本一本的收全，譬如對文星叢刊，或是人人文庫，這是不容易之事。作者將書影附上，使未見過原書者是一項功德無量之事，又如簡娟辛苦經營的大雁書店，每一本書的設計令人喜愛，但卻得不到更多讀者青睞，是一件可惜之事。

六、傅先生對於舊書坊應有一項事忘了提及，就是舊書坊時有書畫出現，筆者在光華商場獲得不少名家書畫，這

沈尹默書法

231

些書畫有時是贗品，有時是真蹟。于右任墨跡時常出現，但絕大多數是贗品，筆者遇過沈尹默的墨寶，經研究便買了下來，因為受贈的人是到過四川重慶，沈氏在抗戰時候待過重慶，張充和《沈尹默蜀中墨跡》是一大證據。因為舊書坊的老板不識，有回買了陳定山的中堂，是賤價受之。近來買了清代的王雲（竹人）六幅小畫，因無人問津，加上王竹人名氣不大，應不會假，我獲之如寶。連剛過世李獨（大木）的畫也出現了，這些文物時常在舊書坊出現，對我來說是對書畫鑑定的一個好機會。這是舊書坊另一個吸引人的地方。

　　談談舊書往事，是每一個愛書人最得意津津樂道之事。思果曾説他的藏書絕大多數來自舊書坊，筆者無緣參與牯嶺街的時代，但對於所獲的珍品，可以數説幾天幾夜。對於購舊書樂此不彼乃在於研究工作，加上自己對書的興趣使然。將《四部備要》書目帶於身邊，凡未入殼者便一一入庫，有回全是俞大維的藏書，珍貴無比。對於古典舊籍，如《百納本二十四史》、《四部叢刊》、《皇清經解》都是舊書坊的戰利品，書房有這些套書不必靠圖書館，查對方便。傅先生此書提及購書經驗的分享，也是每個愛書人的經驗，往往為一部書徹夜難眠，顧不得生活，縮衣節食全為了擁有一部好書。傅先生對於舊書坊的蹤跡提供給四方人馬，給南北各地的愛書人參訪，是此書的功德。總之，舊書坊的天地是每個人心靈寄放的馨香處，偶而遇到名家簽名或是限定本珍籍，全是舊書尋訪的樂趣。

本文原登《全國新書資訊月刊》第62期，頁37-39，2004年2月

第二十八章 舊書坊尋寶記

我始終相信在舊書坊中藏有不少好書，臺北這個大都市人文薈萃，藏書家、讀書人甚多，搬家或過世，藏書往往流落市集。有一次我買到一套上下二冊英國評論家約翰，羅斯金（John Ruskin）作品集，是一八九三年倫敦出版，距今一百年。甚至有整套日本平凡社第一版「世界美術全集」讓你挑選。近來買到胡適之先生在一九六一年景印所珍藏的「甲戌本脂硯齋石頭記」下冊殘本，買到下冊算是福氣，這線裝本秀色可餐，是研究「紅學」，不可不參考的一本書。當年只印一千五百本，海外為之轟動，大陸中華書局仿印了一批，友人前不久在北京琉璃廠買得一套。內頁有一張標籤寫著「中華書局印贈」，據說是分送給「紅學」喜愛者，俞平伯先生在「中華文史論叢」一九六二年第一、三輯，發表了一篇〈影印「脂硯齋重評石頭記」十六回後記〉，可見當年這一部書出版，爭相搶購的盛況。大陸不容易得，只好影印出版。

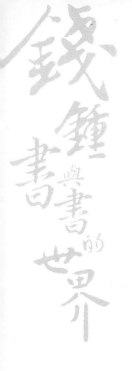

長久以來觀察，舊書店老闆，有的勤快收書，但有的卻永遠老是那幾本書。有幾個特色是常跑舊書店者會發現的。一、專門經銷鹹濕色情刊物的，至少有五、六家，一到假日人山人海、門庭若市，老闆東張西望，怕主管單位突檢。有些女生不明狀況一頭鑽進，掩臉失色奪門而出。有時門可羅雀，便知道檢查單位已來過，噤若寒蟬。二、專門經銷漫畫、小說的店，書籍堆積如山，雜亂無序。三、亂，這是光華舊書坊最令人頭痛的。由於老闆將收購的書隨意堆置，不分類隨便上架，所以讀者只好地毯式一一搜尋。四、老闆終日枯坐看電視、打電動玩具、研究阿拉伯數字（簽明牌）。

因此我猜想他們懂書的不多，訂書的價錢大多依原書訂價一半，或是因書較厚、出版時間較久，便塗掉原價來個高價。總之，他們對書的行情是不很懂的。碰到好書，再高價錢，也只好買回。有一回買二玄社第一版書帖「書跡名品叢刊」，是一位過世老先生賣出

光華商場于右任書法

234

的。在舊書坊書帖大多是重印劣品，但遇到這種原版又是第一版，那就不得不考慮。經議價再三，足足花去了半個月薪水，同事每次皆會問挖到寶否？對愛書的人，尤其是書法，這種書帖的確是「寶」。

有些舊書店兼賣古畫，像董作賓、于右任的字、黃君壁的畫均出現過，至於真品贗品由你去判斷。我手中有四幅清人翟云升的字，他是清道光二年的進士，「性耽六書，尤嗜隸古，吉金樂石，搜奇日富，蓋寢食杯中者，四十餘年」，用隸書寫歐陽修的「醉翁亭記」，為了這對字，我下功夫查對翟云升生平資料，分析、研判、終於買下。原收藏者沒有妥善保存，破損不堪，因不是名家所以我才敢買。這或許亦是「寶」？我身邊隨時攜帶一本記事簿，將想要的圖書隨時記下，隨時注意獵物的出現。我念念不忘的有一本書「吳宓詩集」，原版是線裝書，現在幾乎不可能在台灣出現。皇天不負苦心人，有一天在一家熟識書坊看到，被壓在漫畫書

許師傅與翟云升書法

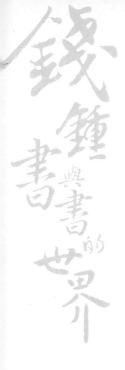

中，是耀眼的紅色封皮。老闆不識貨，用極便宜的價錢賣給我，即手擁在胸懷，快樂似神仙。

舊書坊的經營固然有許多缺點，亂、擠皆歸因空間太小。加上老闆不能辨別好書、劣書，堆積如山未分類整理。若能好好規畫經營，將書店的佈置、書籍的分類加以改善，有歷史背景的舊書店群，將與一般書店有所區隔，而重新找回舊的愛書人、吸引、培養新的書癡。

本文原登《聯合報》第35版讀書人，第61號，1993年6月10日

吳宓詩文集書影

第二十九章 告別光華舊書坊

從舊書坊出來拿著蘇精著的《近代藏書三十家》，忻喜無比。這部書已絕版甚久，對於愛書人尤其對於近代藏書家想要多瞭解，不可不讀一部書。雖然我每天與書為伍，圖書館館藏數十萬冊，但仍感到不能滿足，自己擁有是每一個書癡，共同的癖好。舊書坊的光景，不單是我對知識的追求，更是心靈的享受。

　　光華舊書坊處於光華陸橋下，今年（2005）年底將要告別世人，所有書攤將要遷移，暫時安置老位置旁的停車場，這對於愛書人來說是件慶喜之事。我在舊書坊搜巡十幾年，工作之餘，為了寫論文材料，或是為了書癖的雅興，所有的時間及金錢全耗於此，為了寫默存翁的論文，在書堆中找到了《吳宓詩文集》，這部三十年前翻印中華書局的文集，使得這位鍾情海倫的文人，在日記出版後更加受人矚目。有回獲得一部殘缺乾隆刊本厲鶚《宋詩紀事》，雖受書蠹肆

舊書坊古文書店

陳逸飛名作《罌粟花》
（香港佳士得拍賣目錄）

虐，但不失刊本的精美，默存翁的《宋詩紀事補正》更是對厲鶚原書補苴不少，當然這部清朝刻本的線裝書，對我而言不單只是滿足書癮做為善本珍藏，更是版本學上另一個參考文獻。

　　愛書人每為一部書縮衣節食，日夜思念我更有之。剛過世的陳逸飛為當代著名畫家，他的畫作受世人珍藏，這些著名畫家的作品，只是有錢階級者才能享受，我自小喜愛美術，故只能從冷攤中得到如蘇富比或佳士得甚至北京翰海及中國書店的拍賣目錄過過癮，1997年陳逸飛那幅《罌粟花》更是創當代華人油畫的拍賣高價，清秀佳人手持宋人無名氏的罌粟花為畫面，凝神思望，畫外的賞析者不也融入畫中的情境，不知是畫中的美還是畫外的癡，當人對於物的迷思如同鴉片的癮，使人對於物的沉醉。這些目錄售價不貲，遇到鍾情畫家又是著名畫作不能放棄，但又要考量生活上的肚皮，左思又想還是放手，事後腦海仍思念這一本拍賣目錄，終又臨書坊，從老板手中擁之於懷，喜樂無比。

或許這是陳逸飛對於罌粟花創作是給世
人的警告，勿沉迷於情愛世界或外物著
迷的警惕。想當然爾這舊書坊仍有太多
寶貝出現，我對於美術書法情有獨鍾，
而冷攤卻時時出現名人書法，于三原的
草書現是搶手貨，但贗品充市，更有人
靠偽于右老的書法吃飯。有一回買到陳
定山書法，這位當年與父親陳栩園在滬
以無敵牌的牙粉叱吒風雲的實業家，也
是位書畫高手，賣出的書法是不識貨的
主人，而書攤老板也不知陳定山為誰，
當然用賤價得之。更有一回得到一本祝
壽冊頁，是民國四十二年時，為一位高
級將官的太夫人祝壽冊頁，各方人馬為
之祝壽的壽詞，其中有老總統及陳誠副
總統的祝詞，更令人興奮有臺靜農及鄭
騫及戴君仁等人的書作，臺先生寫篆是
難得的早期作品，四個朱紅的篆體字，
寫來體勢磅礴，令人佇目凝視，因百先
生署名的書作，也是臺先生代寫的。這
些當代名家書畫作品，有時被這些不識
貨的老板賤價售出，是件掃興的事，我
對於這些所謂撿漏的作品，更是珍惜如

臺靜農書法

陳定山書法

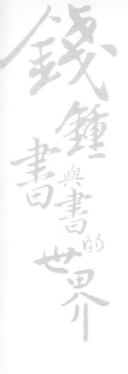

寶。石碑拓本俗稱黑老虎有時也見之，曾買得蘇東坡「表忠觀碑」及「大宋永興軍新修玄聖文宣王廟大門記」，前者碑存於杭州碑林；後者存於西安碑林，此碑更能考證「開成石經」及「石台孝經」的遷移經過，文獻價值甚高，拓本雖已破舊，墨香淋漓，字體宛然如新，令人可親。

舊書坊這些書商大都是親戚，當年他們互相介紹各幹起這行事業，可是他們不能在書本上增加知識，對於收到佳槧善本也是如廢紙一般，有年有一位老板告知收到一批喪家之物，竟是曾國藩家族的遺物，所惜老板忌於喪家之物，未敢收羅，這批文物也不知流落何方？臺北人文薈集，每有名人往生，書籍大都流於舊書坊，我見過無數名人藏書，都是未能善加保存，直接落入冷攤，當然我也續存一些他們的藏書，或許對於書有一分感情，延續藏書家的藏書，每見藏書章總是會想到這些文人的過去種種。我曾買到徐世昌輯《晚晴簃詩匯》殘一本，書是嘉業堂劉承幹的藏書，這

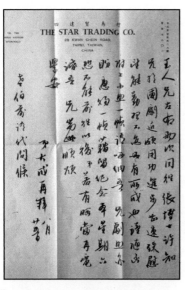

于大成讀書時代與友人賴玉人信札

位四象之首的湖州南潯大藏書家,被魯迅稱為傻公子的劉承幹,藏書及刻書驚人嘉惠士林,他的大部分明板書現藏於國家圖書館,我買到只是普通線裝書上有嘉業堂藏書章一方,單就這方藏書印便給我無上的喜悅。

買舊書往往是絕版的圖書,圖書館往往也未藏,便靠舊書坊的出現,有時為了一本書千尋萬找仍不得,只有等待奇蹟的出現。可是往往有些老板卻獅子大開口,日前為一本板橋林家在大正年間出版的呂世宜《愛吾廬題跋》,呂世宜是書畫名家又是林家的私塾教師,書又是板橋林家林熊光自印的,當然是珍貴的,因要價不便宜,在生活與藏書之間是有點難以選擇,最後還是放棄。

買舊書又有一種樂趣就是簽名本,簽名本表示作者親字題名於上,往往從書跡便可見文人的風格及個性,我買過無數簽名本,有回買到蕭乾送高希均的書,當時未發現事後詳閱,令人大吃一驚。又有一回買到吳冠中簽名的畫集,吳冠中的畫在拍賣場上是極高檔的畫

臺靜農書法

《吳冠中畫集》吳冠中簽名本

作，我收藏那一本畫冊單就吳冠中三字便值回票價了。也買過于右任簽名的右任詩存，草書加上朱文印，更令人興奮無比。

凡在舊書坊搜巡的愛書人，各式各樣的人都有，有的為期刊創刊號、有的為線裝書、有的為畫冊、有的為拍賣目錄、各有千秋。我對於中國文史哲圖書尤其線裝書更是專注，由於線裝書現已不易得到，就是出現也不易下手，我有時為了一部線裝書便會在圖書館與冷攤中來往無數次，才敢下手。有一次為了一部清人文集在傅斯年圖書館摩挲甚久，研讀再三更對版本加以研究及辨識，最後仍因價錢太貴而打退堂鼓。我對於蕭孟能文星叢刊，今日世界出版社的出版品，王雲五商務印書館的人人文庫，這些叢書先前我仍以自己研究的範圍為選項，到後來卻見一本買一本，美國新聞處發行的今日世界出版社，出版許多文學翻譯作品，包括張愛玲、思果、湯新楣、喬志高、林以亮、楊牧等人的譯作，張愛玲譯海明威的《老人與海》更是我的珍藏，另有許多譯文集見有張愛玲的譯文及導言，更可補全《張愛玲全集》的不足。

光華舊書坊三十年過去了，它給我無數的材料及回憶，無論善本古籍或是名人書畫，或是典籍文物，多多少少給我心靈的喜悅及研究上的裨益。將要拆除之際，回想過去消耗在此的時光，不也有一點落寞，但縹緗滿室，卻也忘懷過去的辛酸。

本文原登《聯合報副刊》E7版，2006年1月21日

第三十章

秦賢次捐贈珍貴收藏
——中研院文哲所重現三十年代舊書風華

秦賢次先生是著名現代文學研究學者、藏書家又是保險公司的經理,近十幾年來他多次將畢生收藏的三十年代文學原版的圖書、期刊及各大學畢業紀念冊捐給中央研究院中國文哲研究所圖書館收藏。這些珍貴圖書是秦先生從高中時代在牯嶺街、光華商場舊書攤、香港、北京等各地努力收集的。他身為經理又兼研究現代文學的學者,學院學者有時還不如他對文獻的熟悉,令人佩服。他已有許多著作問世供學者參考。

這一批圖書以三十年代原版著作及期刊最為珍貴,重現原書原貌,魯迅、巴金、老舍、錢鍾書、茅盾、卞之琳、----等著名作家的原版書,可說收羅齊全,令人歎為觀止。其中更有許多簽名本如丁玲送沈鈞儒的簽名本;又如胡適之先生贈北大圖書館的圖書,又如林含英藏書,林含英是已故作家林海音女士原名,秦先生從北京購得此書,令林先生甚為感動為之題跋;諸如此類的圖書甚多,令人目不暇

《秦賢次先生贈書特展展覽目錄》書影

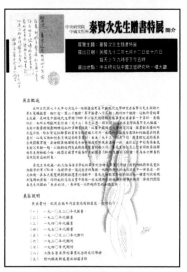

秦賢次先生贈書特展簡介

給。畢業紀念冊是秦先生最引以為傲的收藏，十幾年前別人不重視的大陸三十年代各大學畢業紀念冊，是他藏書中最為珍貴的一種。這些紀念冊紀錄當年一些著名學者的學籍及重要圖片，如林語堂畢業的聖約翰大學《The Johannean》（約翰年刊）、又如《清華大學同學錄》；《北京大學同學錄》；暨南大學的《暨南年鑑》等等。珍貴的期刊，我們從中發現許多珍貴的文章，如我從《現代學報》找到王叔岷老師已忘記的舊作〈老子通論〉；又如從《星花》見到龍瑛宗〈白色的山脈〉中文小說，後來范泉不知為何收入他的著作《浪花》一書中，又見到柳存仁先生當年主編的《風雨談》及蘇青、張愛玲時常發表文章的《天地》、《古今》；展現三十年代上海風華歲月，刊有漂亮模特兒封面的《永安月刊》更是齊全；林語堂主編《人間世》、《論語》；及新感覺派劉吶鷗著作《色情文化》及《都市風景線》及主編《現代電影》，施蟄存《上元鐙》、主編《文飯小品》、戴望舒

《災難歲月》等等。秦先生另有一批與
臺灣相關的珍貴圖書，如許南英《窺園
留草》、江庸《臺灣半月記》此書與江
亢虎《臺遊追紀》有異曲同工之妙。

　　這一批圖書目前正編目當中，預計
出版一部贈書書目。這樣完整收集五四
以來至三、四十年代文學的藏書，秦先
生以無償的方式捐獻中國文哲研究所圖
書館典藏，是一件功德無量的美事，同
時，也是學界的一件大事。楊牧任文哲
所所長以來重視此批藏書，七月十二日
起圖書館將為這一批圖書舉辦展覽，重
現三十年代文學舊書風華，也希望重新
喚起對於三十年代文學研究的興趣。

　　本文原登《聯合報副刊》E7版，2004
年7月5日

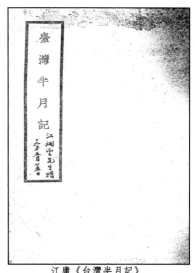

江庸《台灣半月記》

胡適題名《現代學報》書影

我的處世之道，都來自父親的教誨。

颱風夜我與父親兩個人坐在池塘邊聊天，他已六十幾歲，一生愚愚辛勤工作，颱風天仍顧守他非專業的工作---養魚場。自從他離開電力工程專業的工作，回家種田，現在又兼著養魚，辛勞可想而知。

到他這樣的年歲，仍然孜孜學習，令人敬佩。他提到吃那一行飯，就必須要有那一行的經驗及用功，絕不可馬虎。自從他養魚之後，四處請教有經驗的人，用心學習，技術上已有很大進步。

他說：「宇宙一切都是在照顧愚人。」這句話的意思，如同俗語常說的「天公疼憨人。」這是他的人生體驗----所謂吃虧就是佔便宜的人生哲學。他總是說不必與人計較甚麼，愚愚走，愚愚做，宇宙間都是在幫助這些人。

父親這種吃苦耐勞，不埋怨的處世之道，我將它作為自己的人生哲學。

柳公與家人在龍井

國家圖書館出版品預行編目

錢鍾書與書的世界 / 林耀椿著. -- 一版. -- 臺北市 ：
秀威資訊科技，2007 [民96]
　　面 ； 公分. --（史地傳記 ；PC0009）

ISBN 978-986-6909-31-3（平裝）

1.錢鍾書－傳記 2.錢鍾書－作品研究 3. 論叢與雜著

078　　　　　　　　　　　　　　　　　　95026551

史地傳記　PC0009

錢鍾書與書的世界

作　　者 / 林耀椿
主　　編 / 蔡登山
發 行 人 / 宋政坤
執行編輯 / 周沛妤
圖文排版 / 李孟瑾
封面設計 / 李孟瑾
數位轉譯 / 徐真玉、沈裕閔
圖書銷售 / 林怡君
網路服務 / 徐國晉
法律顧問 / 毛國樑　律師
出版印製 / 秀威資訊科技股份有限公司
　　　　　台北市內湖區瑞光路583巷25號1樓
　　　　　電話：02-2657-9211　傳真：02-2657-9106
　　　　　E-mail：service@showwe.com.tw
經 銷 商 / 紅螞蟻圖書有限公司
　　　　　台北市內湖區舊宗路二段121巷28、32號4樓
　　　　　電話：02-2795-3656　傳真：02-2795-4100
　　　　　http://www.e-redant.com

2007年2月　BOD 一版
定價：300元

讀 者 回 函 卡

感謝您購買本書，為提升服務品質，煩請填寫以下問卷，收到您的寶貴意見後，我們會仔細收藏記錄並回贈紀念品，謝謝！

1.您購買的書名：＿＿＿＿＿＿＿＿＿＿＿＿＿＿＿＿＿

2.您從何得知本書的消息？

　□網路書店　　□部落格　　□資料庫搜尋　　□書訊　　□電子報　　□書店

　□平面媒體　　□ 朋友推薦　　□網站推薦 □其他＿＿＿＿＿＿＿

3.您對本書的評價：(請填代號　1.非常滿意 2.滿意 3.尚可 4.再改進)

　封面設計＿＿　版面編排＿＿　　內容＿＿　文/譯筆＿＿　　價格＿＿

4.讀完書後您覺得：

　□很有收獲　□有收獲　□收獲不多　□沒收獲

5.您會推薦本書給朋友嗎？

　□會　□不會，為什麼？＿＿＿＿＿＿＿＿＿＿＿＿＿＿＿＿＿

6.其他寶貴的意見：＿＿＿＿＿＿＿＿＿＿＿＿＿＿＿＿＿＿＿

＿＿＿＿＿＿＿＿＿＿＿＿＿＿＿＿＿＿＿＿＿＿＿＿＿＿＿＿

＿＿＿＿＿＿＿＿＿＿＿＿＿＿＿＿＿＿＿＿＿＿＿＿＿＿＿＿

＿＿＿＿＿＿＿＿＿＿＿＿＿＿＿＿＿＿＿＿＿＿＿＿＿＿＿＿

讀者基本資料

姓名：＿＿＿＿＿＿＿＿＿　年齡：＿＿＿　性別：□女　□男

聯絡電話：＿＿＿＿＿＿＿　E-mail：＿＿＿＿＿＿＿＿＿

地址：＿＿＿＿＿＿＿＿＿＿＿＿＿＿＿＿＿＿＿＿＿＿＿

學歷：□高中(含)以下　　□高中　　□專科學校　　□大學

　　　□研究所(含)以上 □其他＿＿＿＿＿＿＿

職業：□製造業 □金融業 □資訊業 □軍警 □傳播業 □自由業

　　　□服務業 □公務員 □教職　　□學生 □其他＿＿＿＿＿

To：114

台北市內湖區瑞光路 583 巷 25 號 1 樓

秀威資訊科技股份有限公司 　　　收

寄件人姓名：

寄件人地址：□□□

(請沿線對摺寄回,謝謝!)

秀威與 BOD

BOD（Books On Demand）是數位出版的大趨勢，秀威資訊率先運用 POD 數位印刷設備來生產書籍，並提供作者全程數位出版服務，致使書籍產銷零庫存，知識傳承不絕版，目前已開闢以下書系：

一、BOD 學術著作—專業論述的閱讀延伸
二、BOD 個人著作—分享生命的心路歷程
三、BOD 旅遊著作—個人深度旅遊文學創作
四、BOD 大陸學者—大陸專業學者學術出版
五、POD 獨家經銷—數位產製的代發行書籍

BOD 秀威網路書店：www.showwe.com.tw
政府出版品網路書店：www.govbooks.com.tw

永不絕版的故事・自己寫・永不休止的音符・自己唱